新时期学生教育与学校管理工作创新研究

陈晓伟 寇 鑫 张 庆◎著

吉林文史出版社

图书在版编目(CIP)数据

新时期学生教育与学校管理工作创新研究/陈晓伟，寇鑫，张庆著.-长春吉林文史出版社，2021.7

ISBN 978-7-5472-7870-3

I. ①新... II. ①陈...②寇...③张...III.①高等学校一学生工作-教育工作一研究②高等学校-学校管理一研究 IV. ①G645.5②G647

中国版本图书馆CIP数据核字(2021)第137206号

XINSHIQI XUESHENG JIAOYU YU XUEXIAO GUANLI GONGZUO CHUANGXIN YANJIU

书　　名	新时期学生教育与学校管理工作创新研究
作　　者	陈晓伟　寇　鑫　张　庆
责任编辑	王丽媛
封面设计	徐芳芳
出版发行	吉林文史出版社有限责任公司
地　　址	长春市福祉大路 5788 号
网　　址	www.jlws.com.cn
印　　刷	北京四海锦诚印刷技术有限公司
开　　本	185mm×260mm 16开
印　　张	10.875
字　　数	246 千字
版　　次	2022年 8 月第 1 版　2022年 8 月第 1 次印刷
定　　价	48.00 元
书　　号	ISBN 978-7-5472-7870-3

前　言

　　随着教育的改革与发展，学生教育与管理工作也迎来了机遇与挑战。目前的学生教育与管理工作体系已经涉及学生在校期间除专业课教学以外的所有生活领域，涵盖宏观层面的学生发展政策的制定和环境的营造、中观层面的学生团队建设和事务管理、微观层面的个体发展和心理辅导，同时也涉及学生身心健康素质、科学文化素质和思想道德素质的培养。面对新情况、新问题，学生教育与管理工作者必须以与时俱进的精神状态，研究新时期下的学生教育与管理工作，为提高工作的有效性打下基础。

　　基于此，笔者结合自己多年的科研成果和教育经验撰写了《新时期学生教育与学校管理工作创新研究》一书。本书共七章，主要内容包括：学生教育管理工作概述、新时期学生创新教育体系构建、新时期学生学业的情绪管理、新时期学生教育的多元化培养、学校管理工作的规划与发展、基于思政教育的学生教育管理工作发展创新、新时期学生教育与学校管理工作评估与创新探索。本书结构清晰，内容丰富，力图求得学生工作的规律性，尝试为有志从事学生工作的同人搭建对学生工作共同思考的平台，为众多学者构建学生工作的学科架构和理论体系提供线索。

　　撰写本书的目的就是要提升学生工作的品位，为学生工作的健康发展提供理论支持。长期以来，学生工作在学校得不到应有的重视，学生工作者的地位没有得到相应的落实，许多人不愿意从事学生工作，或不安心从事学生工作，更为严重的是：学生工作的绩效长期得不到应有的改进和提高。要改变这种现状，就必须开展研究，对学生工作的过去、现在进行总结，对未来做出科学的预测和判断，渐次实现由经验型学生工作向学术型学生工作的转变。

　　本书在撰写过程中借鉴和引用了许多专家、学者的研究成果，在书尾列出了主要的参考书目，在此一并致谢。

　　由于作者学识与经验有限，加之时间仓促，书中谬误之处难以避免，恳请同行专家和读者不吝指正。

目 录

第一章 学生教育管理工作概述

高校学生教育管理工作，顾名思义，就是做学生的工作，为学生提供教育、管理和服务。现在，研究花草树木的科学研究者被称为植物学家；研究昆虫鱼虾的科学研究者被称为动物学家；而终日与学生打交道，研究学生、教育学生、培养学生的工作则被当作"万金油"，其工作者被称为"杂家"，就是"干杂事的家伙"。由于高校学生教育管理工作缺乏学科和基础理论的支撑，其工作专业性受到质疑，在高等教育体系中处于"不显眼"甚至"可有可无"的尴尬境地，更是进不了科学研究的大雅之堂。而事实上，高校学生教育管理工作，既是一门科学，更是一门艺术！本章主要论述了学生教育管理工作的内涵、高校教育管理工作的发展历程、学生教育管理工作多元化特征、教育管理工作的重要性等内容。

第一节 学生教育管理工作的内涵

要深入地研究学生教育管理工作，就需要从概念上进行根本而深刻的思考与探索："高校学生教育管理工作"这一术语，在我国出现于 20 世纪 90 年代初期，对应于国外高校的"学生事务"。国外高校用"学生事务"这个概念来概括高校中与学生有关的工作，是与"学术事务"相对应的一个概念。我们注意到，在当代中国，高校学生教育管理工作常常作为一个习惯术语，还没有统一的定义和概念，在不同的时期、不同的高校、不同的视角下有着不同的内涵。

"高校学生教育管理工作"通常表示高校一个工作领域的总称，是对学生进行思想政治教育、提供服务与管理的全部概念、事项、活动的集合，习惯上对应于高校的学生教育管理工作处（部）、校团委等一系列部门所包含的全部工作和各院系辅导员所从事的工作实践。对于"高校学生教育管理工作"概念的表述，一些学者也提出了自己的观点。有学者将高校学生教育管理工作抽象地定义为：高等学校通过非学术性事务和课外活动对学生施加教育影响，以规范、指导和服务学生，丰富学生校园生活，促进学生成长成才的组织活动。有学者认为，高校学生事务管理是指高校的专门组织和人员依据国家的法律、政策和人才培养目标，在一定的学生事务管理价值观指导下，运用相关的专业知识和技能，配置合理的资源，提供促进学生发展所必需的学生事务的组织活动过程，等等。表述众说纷纭，莫衷一是。

我们认为，对我国高等学校而言，学生教育管理工作是学校教育、特别是人才培养的重要组成部分，因此形成了特定的概念，称之为"高校学生教育管理工作"。高校学生教育管理工作是指以促进大学生成长成才为目标的非专业课堂教育活动和管理服务工作。其内涵包括以下内容：

在目标上，它以促进大学生的成长成才为目的，包括提高学生的政治素质、思想品德、社会责任感、心理素质、创新精神和实践能力等，既坚持全面发展，又关注个性化发展。

在工作内容上，它包括大学生党建工作、日常思想政治教育、学业辅导和咨询服务、奖励、资助、社会实践、校园文化活动、学籍管理以及安全稳定等。主要包含三方面：一是大学生思想政治教育工作，这是高校学生教育管理工作的核心，要充分发挥学生思想政治教育在学生教育管理工作中的主导作用。其主要工作包括思想政治道德教育与行为养成、形势政策教育、党团教育与活动，日常思想政治教育工作、安全稳定工作等。要在正确的思想政治理论指导下，遵循培养德智体全面发展的教育方针，加强大学生理想信念教育、爱国主义教育、社会主义核心价值观教育、公民道德意识教育、综合素质教育等。通过理论学习、主题教育、党团建设、社会实践活动、校园文化等多种途径，以及加强舆论宣传阵地、优化整体育人环境等，引导学生树立科学的世界观和价值观、正确的人生观以及高品位的审美观，培养学生形成现代社会所需要的健康的心理素质、勤奋的学习风气和严谨的治学风格。二是学生发展指导，这已经成为高校学生教育管理工作的主体。其主要工作包括大学生素质拓展与社会实践指导、校园文化与活动指导等。这是着眼于大学生这一特定群体成长成才过程中面临的心理、生理、生活、学习等方面的各种发展性问题，运用教育、咨询、心理辅导等多种途径对其进行指导，促进大学生激发自我潜能，个性和人格得到健全发展，成为具有较高竞争力的优秀人才。三是学生事务管理，这是高校学生教育管理工作的基础工作。其主要工作包括日常行为规范、班级建设与管理、奖贷勤助补等日常事务管理、宿舍文化建设与管理等。学生事务管理内容丰富，涵盖面广，牵涉到学生学习、生活、活动各个方面。任何一方面的缺失都将降低学生事务管理的效率，制约学生事务管理的顺利进行，最终使学生事务管理无法达到其应有的效果。

从形式上看，它有非专业课堂教育的形式，如讲座、报告、演出、参观、考察、比赛、谈话、个体辅导和团体辅导等，有时也有课堂教育的形式，如党课、团课，但它不是以传授专业知识为主要目的。

从组织实施的主体上看，它以学生教育管理工作部门为主，包括学生部、研工部、团委、就业中心、心理咨询中心、资助中心等，也包括其他一些组织机构，如教务处、研究生院、后勤处等，因为这些部门涉及学生的学籍管理、奖惩、宿舍管理和服务等等。

从历史传统上看，高校学生教育管理工作，属于广义的大学生思想政治教育范畴，也是指学校德育工作。通常把第一课堂以外的学生教育活动都纳入学生教育管理工作，称为第二课堂。第一课堂以课堂教学的形式为学生提供专业性学术能力，而学生教育管理工作则以非课堂教学的形式，通过大学生党建工作、日常思想政治教育、社会实践、校园文化活动等，加强非学术性能力。随着高校学生教育管理工作的不断发展变化，传统的德育工作概念已不能涵盖或等同于学生教育管理工作的概念。从这个意义上讲，学生教育管理工作和大学生思想政治教育有交叉重复，又有不一样的地方，它是一个新发展的交叉学科领域。

第二节　高校教育管理工作的发展历程

一、高校学生教育管理工作的生成溯源

新中国成立之初，为满足政治工作的需要，高校学生教育管理工作在政治教育驱动下应运而生。根据《中国人民政治协商会议共同纲领》的有关规定，对旧大学进行改造，"肃清封建的、买办的、法西斯主义的思想，发展为人民服务的思想"，建立新的高等教育制度，成为当时教育主管部门的重要任务。在这种背景下，对学校教职员工和学生进行政治教育和思想改造就成了当时高等学校的重要任务。根据1950年召开的第一次全国高等教育会议精神，1951年教育部通过的《关于全国工学院调整方案》提出，加强对思想政治教育工作的领导，各院校试行政治辅导员制度，设立专人担任各级政治辅导员，主持政治学习及思想改造工作。1952年10月，教育部专门发出《关于在高等学校有重点地试行政治工作制度的指示》，提出要有准备地设立高等学校的政治工作机构，名称为"政治辅导处"。1953年，清华大学率先推行学生政治辅导员制度，标志着高校学生教育管理工作

的制度正式开始运行。我国高校学生教育管理工作与思想政治教育或德育工作紧密联系。高校学生教育管理工作体系的形成是与新中国成立之初建设一个什么样的高等教育和怎样建设高等教育的总体思路联系在一起的，在高等学校设立学生教育管理工作机构和人员，不仅是教育和管理的需要，而且体现着教育主权的回归和社会主义办学的性质。

二、高校学生教育管理工作的发展阶段

高校学生教育管理工作的生成和发展既有一般高等院校发展的共性，也有高校学生教育管理工作的特殊性。新中国成立以来，我国高校学生教育管理工作发展经历了三个阶段：第一，政治教育为主导的阶段（1949—1977）；第二，教育与管理共存的阶段（1978—1993）；第三，教育、管理与服务并重的发展阶段（1994年至今）。

第三节　学生教育管理工作多元化特征

高等教育大众化条件下的学生教育管理工作与精英教育条件下的学生教育管理工作相比较具有显著的变化，尤其是随着我国高等教育大众化进程的不断加快，高校学生教育管理工作体系面临全新的发展空间，正逐步进入转型时期，并呈现出许多新特点。具体表现在学生规模、人才培养目标、教育机会均等问题显示度、大学毕业生就业方式、德育模式、学生事务管理要求六个方面的不同，呈现出六个特点。

一、高校学生规模化扩张

高等教育大众化条件下的学生规模比精英教育条件下的学生规模大得多。学生的毛入学率是划分精英教育和大众化教育的依据。1970年，美国社会学家马丁·特罗在《从大众向普及高等教育的转变》一文中提出：当一个国家适龄青年中接受高等教育的比率在15%以下时，为英才高等教育阶段；该比例为15%~50%时，为大众化高等教育阶段；该比率达50%以上，为普及化高等教育阶段。1973年6月，在联合国经济合作与发展组织召开的国际会议上，他又发表了论文《从精英向大众高等教育转变中的若干问题》，对精英、大众和普及三个阶段高等教育的特征进行了深入分析，系统阐述了高等教育发展阶段论。马丁·特罗教授的高等教育发展阶段理论在国际高等教育界产生了深刻影响，得到了国际教育权威机构的高度评价。四十多年来，这一理论尽管存在一些争论，但仍成为许多国家制定高等教育发展政策的一个重要理论依据。

高等教育大众化的一个重要特征是规模扩张，但大众化引发的变化又不仅在于规模扩张。在大众化阶段，高等教育在办学模式、管理体制、课程设置、入学招生、投资方式等方面都发生了质的变化。

二、人才培养目标多层次化

精英教育阶段高等教育的人才目标主要是满足培养少数英才的国家需求，目标相对单一；而大众化时期，高等教育作为终身学习体系的一个阶段，其人才培养目标主要是满足更广泛的社会需求和公民的个人需求，呈现多层化趋势。

高校学生在年龄结构、文化背景以及成才目标上呈现出较大的差异性，人才培养目标内在地呈现出阶段性和具体化的特点。入学群体多样化，使高等教育不是一种特权，而成为具备某种正式资格者的权利，并且越来越成为"必需"。正如马丁·特罗所说："高等教育越来越成为全体国民生活水平的一部分。让儿子和女儿上大学，已经成为人们生活中不可缺少的东西。"[1]

三、教育机会均等问题普遍化

在精英教育时期，高校实行教育经费统包制度，大学生上学的基本费用不用个体承担，而由国家统一解决，大学生只是在日常开销方面因家庭经济状况的好坏存在差别，教育机会均等问题不突出、不普遍。而在大众化教育时期，高校实行教育补偿制度，大学生要自行承担部分学费，考上大学上不起学的现象出现，在不发达地区和经济困难家庭尤其突出，因此，教育机会均等问题成为国家和高校关注的一个普遍问题。

当前我国的教育发展，是在地区之间、城乡之间和阶层之间的巨大差异上展开的。城乡之间、地区之间的发展不平衡导致的教育机会不均等，是中国最重要的教育国情之一。随着社会的贫富差距加大，不同阶层子女的教育权利发生了明显的变化，哪些人和如何才能够享受好的教育重新成为值得认识的重要问题。在我国高等教育加速发展之际，通过深入的理论研究、正确的制度和政策设计，为高速发展的高等教育奠定一个稳定的价值和制度基础，防止它的失衡和异化，是十分重要和必要的。

四、学生教育管理环境的复杂性

随着社会主义市场经济的逐步确立和改革开放的不断深入，特别是中国加入世界贸易

---

① 杨大鹏等：《高校学生工作管理创新研究》，北京理工大学出版社 2019 年版。

组织之后，中国与世界各国的政治、经济和文化交流越来越紧密，特别是西方的思想意识形态以前所未有的规模和力度冲击着我国高校大学生的人生观、世界观和价值观，直接冲击着他们所接受的传统的爱国主义教育、集体主义教育和社会主义教育；同时，在国内全面进行社会主义经济建设的大潮中，市场经济对高等教育产生了一定的负面影响，高校教育体制改革和大规模的扩招办学使得当今高校的教育管理环境变得异常复杂。这些外在环境的变化给在校大学生的思想带来很大的冲击。在这个全球化、信息化、多元化、商业化的时代里，如何做好高校学生的教育管理工作，不仅是教育工作所面临的一个挑战，更是需要努力解决的一个重大课题，它不仅关系到高校的安全稳定和各项工作的顺利进行，更关系到社会主义建设人才的培养和国家的长治久安。

五、学生教育管理组织目的的明确性

高校学生教育管理工作的组织目的，从宏观方面讲，是为社会主义现代化建设培养可靠的建设者和接班人；从具体层面上说，是为了学校创造良好的育人环境，通过一系列教育管理活动追求高校学生思想教育效益的最优化。为了最终实现这一目的，必须在认真贯彻执行党和国家的各项教育方针政策，紧跟时代发展的步伐，科学分析判断国内外大的政治经济环境和高等教育所面临的问题情况下，仔细研究教育管理工作主体、教育管理客体的特性，通过制订计划、进行决策、组织领导、全面控制，具体确定大学生思想教育目标，充分调动各方面参与学生思想教育管理的积极性和主动性，优化配置学校教育资源，力争做到资源共享，使学生教育管理工作落到实处。具体而言，通过科学构建学生思想教育管理体制，建立一支精干、高效的管理队伍，完善评估和信息反馈制度，为高校学生教育管理工作提供良好的环境氛围；同时，根据教育管理的目的，科学合理地设定高校学生思想教育的内容，因为只有确立教育管理的目标和内容，管理体制的建立、管理队伍的建设、管理结果的评估、信息的反馈才能有依据和归属。

第四节　教育管理工作的重要性

一、做好教育管理工作是中国特色社会主义事业长盛不衰的战略保证

在当前纷繁复杂的国际国内形势下，加强和改进高等院校的教育管理工作水平，提高在校大学生的思想政治素质，树立正确的世界观、人生观、价值观，在多元文化冲击下坚

定其信念，把他们培养成中国特色社会主义事业的合格建设者和可靠接班人，对于我们全面实施科教兴国和人才强国战略，确保我国在激烈的国际竞争中始终立于不败之地，加快全面建成小康社会的步伐、加快推进社会主义现代化的宏伟目标，确保我们的社会主义事业后继有人，实现中华民族的伟大复兴，具有极其重大而深远的战略意义。

二、做好教育管理工作是各项工作顺利进行和建设和谐校园的基础保证

高校学生教育管理工作是高校各项工作顺利进行的坚强保障，是校园稳定的基石，是共建和谐校园的基础保证。学生群体，特别是高校学生是社会中思想活跃、意识超前的群体，他们追求个性，对人生有着自己独特的看法和观念；他们追求时尚，对人生充满了希望和期盼；他们精力充沛，密切关心和关注周围的人和事；他们比年龄相仿的人视野更加开阔；他们的行为方式和呈现出来的特点，将成为整个青年社会发展的引擎。我国高等教育的成功转变和招生规模的不断扩大，高等学校的硬件和软件设施都已经跟不上办学发展的步伐和时代发展的要求，特别是教育管理队伍的水平有待提高，这些不能满足广大在校大学生的学习和生活需要，对学生教育管理的不到位，影响到了学生成长成才，更影响到了和谐校园的建设。因为，和谐校园的建设需要大学生的积极参与，他们是建设和谐校园的主力军，如果没有他们的积极主动参与，那么一切都将成为空谈。因此，要努力提高高校学生教育管理工作的水平，正确引导学生的价值取向，帮助其树立和形成正确的世界观、人生观和价值观，客观地分析问题和解决问题，在大是大非面前保持坚定的政治立场，要提高大学生的主人翁意识，让广大在校生积极参与到各项教学和管理工作中去，坚持稳定压倒一切的原则，共建和谐校园。所以说，高校学生教育管理工作是共建和谐校园的关键。只有不断加强对高校教育管理工作者的培训，提高他们的水平，才能最大限度地保证各项工作的规范、科学、制度化的管理，才能建立合理诉求渠道，真正实现公平和正义，各项工作才能平稳有序地进行，才能在社会建设中发挥其应有的作用。

第二章 新时期学生创新教育体系构建

创新既是结果也是过程，是人们通过新方法和视角来展示新世界。创新的过程就是重新组合现有信息和知识的过程，包括选择新的方法去解决问题，反映可能存在的问题。本章主要从学生创新教育的解读、学生创新教育政策的实施、学生创新教育体系的构建与实践三个方面深入解读了新时代学生创新教育体系构建的相关知识。

第一节 学生创新教育的解读

一、创新教育的基本特点

所谓"创新教育"，就是把创新学、教育学、心理学等相关学科的理论有机结合起来，在课堂教学时有意识地引导学生进行主动探索和实践，充分激发学生潜能，帮助学生树立创新志向，发展创新性思维，培养创新精神，从而培养创新能力的教育。创新教育从人才学的角度而言，就是将人的创新能力开发出来，为社会培养创新型人才。创新教育从教育学的角度而言就是为未来的发明创造奠定基础。从心理学角度来看，创新教育是培养、训练人的思维（尤其是求异思维、创新性思维）的教育。其基本特点如下：

（一）具有很强的超越性

引导学生不断向前和不断超越就是创新教育的本质。超越问题障碍去获得新的知识；对不满意的生活现状进行改造，进而创建新的环境；超越自己，提升自己的能力水平和道德修养。教师如果想在教育过程中引导学生进行创新和突破，就不能按照常规的教学方式，要引导学生充满激情、积极向上地去克服遇到的困难，不断进行突破创新。只有勇敢地去改造不满意的客观现状，才能实现超越。除此之外，还要不断完善自己，提升自己的能力水平。既要重视外因的作用，也要重视内因的力量，让学生能够提升自我认识和自我修养，为实现自身的理想和目标，不断进行奋斗，不断超越自我，最终实现自己的理想目标。

人既存在于现实之中，又超越现实。原因在于人是自然环境中的产物，但人具有主观能动性，能够对现实进行改造。人的理想往往是超越现实存在的，所以就可以引导人们去改变现实，实现自己的理想状态，这一过程其实就是创新。从时间的维度来看，创新教育就是以现实的存在为基础，引导学生去创建未来；从空间的角度出发，创新教育就是对于现实不满意的环境，引导学生积极主动地进行改造。创新教育是引导学生具有批判性的思维，对自身要进行不断的反省，不断挑战人们已经获得的成品和理念，创造出一个新的世界。创新教育的作用在于加强人们的创新意识，培养人们的创新能力。在实践过程中要特别注意以下几方面：

1. 充分发挥受教育者的主体性和个性。创新就是重新组合现有的信息和知识。是一个自我思考的过程，进而在创新的对象上能够展现创新主体独特的个性。个人的主体精神对创新来说是不可缺少的。创新是创新主体主动进行的。从这一层面来讲，创新教育的本质要求是以下两点：第一，是学生的主体精神一定要得到充分的发挥。在生活中，一个人若拥有创新的欲望，必须要求其有强烈的自我意识，自我主动地进行探索和发展是创新的本质。第二，加强学生独立个性的培养。不同于其他个性独特的人，才有可能进行创新。因此，在教育的过程中要能够将学生的积极性和主动性充分调动起来，使学生能够自觉主动地进行创新。创新教育的本质不是对学生进行改造，而是让学生能够积极主动地参与到创新活动中来，不断完善自我和提升自我。所以，学生在创新教育中处于主体地位，教育过程中重要的不是传授给学生知识，而是引导学生主动地去探索知识。

2. 着重突出教育过程的开放性。创新是人们通过新的方法和视角来展示新的世界和理想，所以，对于现实世界应该以批判性的思维去面对，让现实存在更多的可能性。学生作为创新主体，其精神力量在创新教育过程中是要特别体现的，要将学生的独特个性充分展示出来。创新教育是开放性的教育，学生在创新教育中一直被视为是不断发展的、完善和提升的学习主体，教学过程也是一个不断变化的过程。高度开放自由的时间和思维空间是开放教育所必需的，引导学生积极主动地参与到活动中来，充分发挥学生的主体作用。在课堂上学生主要进行两方面的智力活动：一是将人类已有的知识内化为自身的知识；二是主动展示出自己的个性特征。外显行为需要内化作为基础。所以学生将知识进行内化就是创新教育的开放性。需要注意的是：首先让学生相信科学结论是有一定条件的，结论会随着条件的变化而变化；其次是营造出一个开放式的课堂范围，让学生积极主动地参与到教学活动中来，并且能敢于表达自己的想法；最后是学生要拥有批判性和发散性思维，对传统的和已拥有的进行否定就是批判性思维，对多样和新颖的追求就是发散性思维。三是课堂上应该提供一个自由的空间让学生自由表现，学生能在良好的环境中自由地发挥想象进行创新活动。

创新教育不应仅局限于教材和课堂之上。也不应仅在教师的讲授和布置的作业范围之内。只有在开阔的视野内才能够将创新的潜能更好地发挥出来。创新教育不是封闭和孤立的，要能够与生活实际紧密联系，深刻了解当前社会科技发展的状况，紧跟时代发展的潮流。首先，教育的内容符合当前科学发展的最新情况，不断地吸收新的知识和信息；其次，要能够让学生在实际生活中运用所学的知识去解决问题，从而获得更加丰富的知识。创新的关键因素就是进行开放的学习，不能仅局限于课堂之上，要积极主动参加课外活动，进行课外阅读，使自己的知识面和视野得到扩展。

3. 充分发挥创新教育的民主性。在民主的氛围中才能更好地进行创新。学生在轻松没有压力的环境下才能更好地进行探索和思考，自由表达意见和提出假设，自主地进行实践做出决策，只有这样才能实现超越和创新，民主性是创新教育不可或缺的内在特性。

4. 课堂活动要能体现强烈的实践性。在创新教育中特别强调实践的作用。首先，创新思想必须通过实践才可以转化为现实；其次，培养人的创新能力和创新意识，需要通过实践来完成；最后，人在创新中的问题情境是由实践提供的，只有在一定的环境中，才可能针对某一问题发生有目的有意识的行为。只有出现问题，人们才会想方设法地去解决问题。将各种问题情境在创新教育过程中呈现出来，这就是创新教育实践性的体现。只有不断遇到问题才会不断产生发明创造。这一点可以通过人类的创新史进行验证。人类在活动中遇到挫折和失败就会产生问题，原因在于人的自身思维和行为存在不足。总而言之，创新教育对素质教育具有很大的作用。

（二）创新教育的全面性

在创新教育中，学生对基础知识要有一个全面的掌握，如此才能全面地开发学生潜能，让学生全面发展，创新来源于这些基础。要使学生能够获得尽可能宽广的知识面，也要鼓励学生钻研偏爱的学科，但也要引导他们不能偏科，学习的知识要全面，对兴趣、意志等品质的培养也要重视。既要注重思维的训练又要培养观察力和想象力。在思维方面，既要注重复合思维，也要注重发散性思维。创新需要综合应用各方面的潜能和整体的素质，整合人所有的智慧、情感和经验，只有这样才能不断地创新和超越。全面性并不是要求所有方面都做到最优秀，而是要结合学生的自身情况，让他们的个性得到自由全面的发展。

（三）创新教育的探究性

对问题的探究是创新教育中不可缺少的。在没有对问题探究的情况下，学生就不可能积极主动地参与到教学活动中来，学生也不能进行独立的思考，更不可能有思维的碰撞。所以，创新性的学习需要对问题进行探究，这也是创新教育中不可缺少的环节。在这个过程中引导学生积极探索，对于问题要有独到的见解，提出独特的解决办法。并在探究的过程中，扩充学生的知识面，挖掘探究的兴趣，培养学生的学习能力和创新能力。

二、创新教育的重要作用

21世纪是知识经济时代，在以依靠新的发明、发现、研究和创新的知识经济社会中，民族创新能力的培养成为时代的主旋律，创新教育已成为时代发展的必然趋势。创新教育对大学生创新能力的形成和发展具有十分重要的作用。具体表现在以下方面：

（1）能够促使人脑发展。创新思维的产生主要是右脑功能。创新教育主要是提升学生的创新精神和创新意识，有利于右脑的开发，使左右大脑发展得更加协调，在创新教育中能够充分挖掘大脑的潜能。

（2）能够提高学生的综合素质。记忆力、观察力、想象力等因素共同组成了人的智力。创新能力通常情况下是综合应用这些因素；与此同时，创新能力又能进一步提升和完善这些智力因素。在创新的过程中总会遇到许多阻碍，这时就需要一些心理品质支撑，例如意志力和信念。创新教育就是引导学生在实践中对这些非智力因素进行磨炼。在创新教育中无论非智力因素还是智力因素都能得到提升和改善，进而全面提升人的综合素质。

（3）能够促进学生的个性发展。人的创新活动是创新的基础。人类第一次获得某种物质或精神成果的行为或者思维就是创新。独特性是创新的本质。独特性体现于个性，是一种和他人不同的心理特点。所以创新能力和个性之间的关系是相互补充、互相配合的。提升创新能力就是突出个性。学生的创新能力在创新教育中会逐渐得到提升，个性也会越来越鲜明。

（4）有利于各种人才的培养。在人类发展的历史上，教育经历了工具型教育、知识型教育、智能型教育三个阶段。古代社会，教育是用来传播伦理价值、社会道德规范和行为准则的工具。近代资产阶级提出了知识就是力量的口号后，教育随之进入了知识型阶段。科学知识在教育中的比重逐渐增大，提高学生的科学文化水平成为教育的基本目的。教育不仅要提高学生的道德、科学文化水平，更要提高学生的智力和技能水平。于是从20世纪 50 年代开始，教育又过渡到了智能型阶段。智能型教育视智能是人才的根本素质，因而更加重视人的智能的发展。尽管三种类型的教育关注的内容有差别，但它们都是以传递人类已积累的实践经验和成果为手段，强调对已有知识的记忆。传统的教育把掌握知识本身作为教学的目的，把教学过程理解为主要是知识的积累过程，以知识掌握的数量和精确性作为评价的标准。然而，随着信息时代的到来，传统的重知识、重技能的教育所培养出的知识型、专才型人才已不能满足社会的需要。21 世纪，人们要重新审视教育的培养目标。现代社会，多媒体、网络技术的广泛应用使得人们获取知识的手段日趋多样。课堂不再是获取知识的唯一途径。而在知识增长日新月异，试图拥有所有知识已经完全没有可能的今天，个体能否具备分析、判断、选择和创新性地运用知识的能力已成为教学的关键。因此，学校教育不能再局限于传授知识的功能上，创新能力的培养应是 21 世纪教育的最高目标。

（5）有利于开发学生的潜能。提及创新能力，人们总要习惯性地联想到科学家、艺术家，似乎只有这些人才具备这种能力。所有人都具有创新的潜能。自我实现的倾向是创新力的首要来源。人都有自我实现的倾向，每个人都希望表达自己的固有能力。但是自我实现的倾向通常会埋藏在内心深处难以发现，却是真实存在的，只要出现合适的机会就会显露出来。人不但有着高于一般动物的多种潜能，而且这些潜能需要通过释放的形式发挥出来，这是一种自然的倾向。创新力作为人的一种心理潜能，在其被挖掘之前只是以可能的状态存在。较之生理潜能，心理潜能更为微弱，更有赖于后天的学习训练和培养才能使之充分地转化为人的实际能力。

（6）有利于促进高校教育的进一步发展。随着知识经济在全球的迅速崛起，国与国之间的竞争也越来越激烈。综合国力是以教育为基础的，劳动者的素质越高，综合国力也就越强。我国的教育事业在改革开放以来取得了很大的成绩和进步，但教育体制、观念等还须进一步完善，因此，要进一步加强创新教育，有利于我国教育的健康发展，提升人才的质量水平。

第二节 学生创新教育政策的实施

一、建立创新教育的有效运行机制

社会系统的有效运行要依靠保证其有效运行的机制。创新是人对自身本质力量的开掘。从个体来看，创新是人对一定生命形式的超越，从群体乃至社会来看，创新则是对必然和客观世界的超越。而就创新的整体而言，这种超越的完满实现，要通过全人类的创新——绝不是通过少数几个个体的创新所能达到的。现代人类孜孜以求的重要目标，不仅要把创新作为一种静态来观照，而且要把创新作为一种动态来感受；不仅要把个体的活动提升到创新性水平，而且要把人类整体的生命活动都提升到创新性水平。提高人们在活动中的创新性，要通过两方面来完成：一是在提高人们创新认识的基础上来完成人们创新素质的提高，进而完成创新性活动的技术；二是保证良好的创新环境，这个环境包括良好的创新机制，它是产生源源不断创新力的动力基础。一个良好有效的运行机制对创新教育同样十分重要，通过对组成创新教育各要素之间关系的研究，来促进这一机制的良好有效发展。

组成系统的各要素以及各要素的结构是决定系统功能的关键。创新教育过程中一直体现着创新性，它将教学过程中教和学的创新性有机统一起来。这两个部分首先应该进行自我完善，自身形成完善而独立的系统；其次，要加强二者的联系以及统一性。创新教育是双边性的教学活动，因此，教学主客体间的和谐发展是必不可少的。在这个过程中，教师对学生创新能力的激发和培养不仅增强了学生的才干和知识，还完善了教师自身的人格，在这个双边交流的过程中，有利于个体社会化的实现。

（一）教学的创新性

教师教学的创新性主导着学生的学习，因此，教学过程的创新性是必不可少的。一些教师在教学的过程中忽视了自身对于学生创新活动的重要作用以及责任，没有营造出良好的创新学习氛围，因此培养出的学生往往缺乏创新性。所以教学氛围的创新性是教育过程以及创新教育必不可少的标志。

创新教育的基础是教师教育活动的创新性。任何富有成效的教育都离不开教师的创新性。教师教的创新性集中表现在教学技巧，即教师运用系统的理论知识、成功的教育经验及综合运用各种教育方式方法解决教育教学问题的才能上。教的创新性的最高境界，是教师科学地、熟练地、富有个性地运用教学技巧，使教学技巧的运用达到艺术化的境界，实现教学科学性与艺术性的统一。创新性教育活动常常通过教学的环节和某些方面表现出来。例如，教育过程的有效组织、教育内容的科学处理、教学方式的恰当选择。教学方法的灵活运用、教学机制的权宜应用、教育情感的有效调控，以及教师劳动形态的塑造等。在现代社会，教师教的创新性已经超越了古代教师的狭隘的个人经验和悟性，它是科学理论指导下的教学艺术的灵活运用。包含了教师在组织艺术、讲解艺术、启发艺术、表演艺术、鼓励艺术、批评艺术和调控艺术等方面创新性的富有个性的表现。很显然，教的创新性植根于丰富的教学实践。只有那些富有经验，善于思考，并成功地把教学理论、教学经验用于解决具体问题，从而使教育教学活动具有一定个性的教师，才会使教育活动富有创新性，直至达到某种艺术境界，形成教师个体的教学风格。

教的创新性不仅表现为教师由于创新性劳动而获得的成就感，而且可以使学生在接受教育的过程中领略到教师创新性劳动而表现出来的教学艺术美。在教师创新性的教学活动中，随着教育活动的开展，学生既学到了知识，增长了才干，也在不知不觉中感受到了人的本质力量的出色表现及由此带来的深刻的美感体验和愉悦。至此，创新性教学与"愉快教学"实现了有机统一。

创新性教学还应当是教学的科学性与艺术性的统一。脱离科学性的，为了生动而生动，把教学等同于演戏的做法，非但不是人们追求的目标，无助于创新教育，而且与其出发点也是背道而驰的，将导致学生对教师劳动的片面认识。教师在创新教育的过程中表现出以下特点：富有个性特征的创新精神、较为敏锐的教育活动感受力、十分丰富的教育想象以及思维能力、积极向上的教育情感。创新教育的创新性，不是一成不变的，它是通过教师自身创新素质的提高来不断进行完善的，是动态的。教学过程的创新性分为五个基本阶段。

第一阶段：创设情境。教师主动地进行创新情境的设置，从而激发学生的好奇心以及探索问题的欲望，发挥创新性学习动机。在这个过程中，教师首先需要进行问题情境的预设、在问题中激发学生探究探索的精神，帮助他们进行创新性探索。

第二阶段：问题定向。对问题情境进行全面分析，从而引导学生对问题进行积极的创新性探究，产生创新激情，从而使他们更快地在情境中找到问题的实质。

第三阶段：多向求解。这一阶段的任务是用创新性方法解决问题定向阶段所提出的具体问题，这个过程会产生原有经验的解决方法与创新性方法的矛盾，是"尝试—错误"的过程。

第四阶段：突破创新。这是突破旧有观念束缚，在已有的知识基础上提出新观念、新办法的过程，会产生新的理论以及新的艺术作品。

第五阶段：验证反馈。上一阶段会产生新的创新性成果，但是这一成果的正确与否，还需要通过实践进行检验。

（二）学习的创新性

学生的创新性学习对创新教育过程的开展同样具有重要意义。学生的创新性学是对教师创新性教的呼应与强化，它不但对学生自身发展具有重要意义，而且提高了教师的创新信心与教育成就感。学生学的积极性、创新性不仅直接影响并最终决定着个体的身心发展水平，也是衡量教师创新性教的主导作用是否有成效的重要标准。

学生学的创新性主要是指学生主体的创新意识、创新态度、创新思维及运用对个体来说前所未有的手段和方法解决学习中的具体问题。

在创新性学习活动中，学生具有强烈的创新和标新立异意识，各种体力与智力潜能特别是心理潜能得到充分发挥，并协同作用于学习活动，使主体的本质力量得到充分实现。显然，不能把学生的创新性与科学家的创新性相提并论。前者注重的是活动过程的创新性，注重活动对主体的精神意义；后者则强调活动结果的创新性，强调活动所带来的社会价值。创新教育应当立足学生的特点，切忌脱离实际，并以是否有利于学生身心发展，是否能提升主体的创新素质为标准。

高校学生身上有着人类对于未知世界探索的本性。创新性的学习活动满足了高校学生对于自身才能和个性的强烈表现欲。学生是创新性学习活动的主宰，通过创新性活动，学生提高了自身的自信心、加深了情感以及责任感，用自身的知识改变了世界，增加学生的主体性并锻炼了自身的潜能。因此，许多心理学家和教育学家、主张"发现学习法"，这种方法要求教师将学习过程转化为学生自身的探究过程，从而使学习成为学生身心发展以及学习发展的动力和享受。

创新性学习是创新性教育的一种形式。它强调学生的主体性，倡导学会学习，重视学习策略。创新性学习者擅长新奇、灵活、高效的学习方法，具有创新性活动的学习动机，追求创新性学习目标。

创新性学习的特点包括：其一，创新性学习是创新性教育的一种形式；其二，创新性学习强调学习的主体性；其三，创新性学习倡导的是学会学习，重视学习策略；其四，创新性学习的学生擅长新奇、灵活、高效的学习方法；其五，创新性学习来自创新性活动的学习动机，追求的是创新性学习目标。

二、"高等学校创新能力提升计划"的颁布

教育部曾提出，要站在党和国家事业发展全局的战略高度，转变思想，突破原有计划思路，进一步更新理念，通过体制机制创新和政策项目引导，鼓励高校同科研机构、企业开展深度合作，积极推动协同创新，促进资源共享，联合开展重大科研项目攻关，在关键领域取得实质性成果。该计划的根本出发点是"国家急需、世界一流"，核心任务在于以人才、学科、科研的"三位一体"创新能力提升，面向科学前沿、行业产业、区域发展以

及文化传承创新构建协同创新的模式，引领高等学校创新能力的全面提升，释放各类创新要素的活力，促进合理流动与充分共享，实现国家整体创新实力的根本提升。

教育部提出这一计划，其目的是通过推动有利于协同创新的机制体制改革，提升高校人才、学科、科研三位一体的创新能力，建立一批国家协同创新中心，取得一批重大标志性成果，聚集和培养一批优秀拔尖人才，逐步形成"具有国际重大影响的学术高地""行业产业共性技术的研发基地""区域创新发展的引领阵地"和"文化传承创新的主力阵营"。

三、"卓越工程师教育培养计划"的启动

2011 年，教育部启动了"卓越工程师教育培养计划"（简称为"卓越计划"），着眼于培养造就一大批创新能力强、适应经济社会发展需要的高质量的各个不同类型的工程技术人才，为国家走新型工业化发展道路、建设创新型国家和人才强国的战略服务。

"卓越计划"是要为我国在新时期的进一步发展培养卓越工程师的后备人才，提出了"面向工业界、面向世界、面向未来"的基本原则。

从首批 61 所、第二批 133 所高校进入卓越计划实施名单并开展卓越工程师教育以来，取得的效果是较为明显的。无论是授课教师，还是卓越班级的学生，都表现出强烈的信心、热情和一定的卓越特质。

"卓越计划"中，对于卓越工程师的教育和培养强调三个特点：第一，坚持"校企结合"，要有企业深度参与人才培养的过程；第二，严格把握标准，要按照通用标准和行业标准来培养卓越的工程人才；第三，注重能力培养，强化学生的工程能力和创新能力。

"卓越计划"的实施，有效地促进了我国工程教育的改革和创新，使我国工程教育人才的培养质量接近（或尽可能超越）国际水平，促进我国从工程教育大国向工程教育强国的转变。

第三节　学生创新教育体系的构建与实践

创新教育是一项系统工程，遵从系统性、关联性、全局性、持续性、层次性和有效性的特征，我们对大学生创新活动进行了科学的规划、构建了创新实践平台，组织了丰富多彩的创新实践活动，取得了丰硕的成果。

（一）构建创新实践平台，组织实践活动组织

搭建本科创新实践平台，建立创新团队，不仅能锻炼学生的创新思维，还能培养学生的实践能力。

1. 用正确的思想指导创新实践活动

创新平台建立与创新人才培养的具体指导思想如下：

（1）通过搭建创新实践平台，探索一套符合我国国情的、完善有效的创新实践人才培养新模式。

（2）营造一个开放严谨、自主创新、协作攻关的创新环境，促进本科创新活动的系统化、科学化与合理化，切实提高学生的创新精神和实践能力。

（3）探讨创新实践与课程教学之间的关系，将课内外的教学与实践结合起来。

（4）通过评价分析，建立激励机制，使更多的老师和学生加入创新活动中来，在各种学科竞赛中取得更好的成绩。

（5）总结经验和教训，为创新活动的组织提出建议和意见，使其进入良性发展的轨道。

（6）努力打造优质的本科创新团队，培养一流的指导队伍，以期取得更加丰硕的成果，获得更多的奖励，并为社会输送优秀的创新人才。

创新活动需要进行科学的规划，精心的指导，厚积薄发，凝练方向，锻炼队伍，形成若干研究和创新的优势。

2. 实施创新实践活动的新模式

探索创新活动实施的新模式，采用"四个一"来概括。

（1）"一个平台"，结合本科教育，开展多种形式的大学生创新活动，以科研项目为依托搭建一个扎实稳健的网络交互平台，实现资源共享与过程监控。

（2）"一个氛围"，通过建立规范化、合理化、公平化的激励机制，营造一种竞争与合作并存的宽松自由的创新氛围。

（3）"一个评价体系"，结合质量工程理念，从科学发展观出发，在建立客观、科学、全面的质量评价指标体系的基础上，综合运用多种评价方法，重点构建一个全方位、多视角、客观科学的高校创新活动质量监督评价体系。

（4）"一个人才培养支持体系"，最终在前期工作的基础上，以提高学生科技创新实践能力、锻炼学生的综合素质为指导思想，着重构建一个学科交融、协作攻关、自主创新的高校创新活动体系。

3. 创新团队的组成

为了提高创新活动组织的成效，专家专门组成了一个由教授、副教授、讲师，以及博士生、硕士生、本科生组成的创新团队。通过实际科研项目的演练，以及大学生创新活动和各学科竞赛活动的开展，吸引更多的学生和教师加入创新团队，不断提高团队的科技创新实践能力。

团队成员在取得各种竞赛嘉奖的同时，也从各方面得到锻炼和成长，多数学生获得本校和其他 985、211 高校的研究生保送资格，有的拿到国外名校的奖学金出国深造，选择就业的同学大多如愿去了心仪的公司和单位。

对本科生来说，有机会参加到创新实践活动中来，对他们的成长是非常有利的。我们所构建的创新实践平台，是为了将学科建设、人才建设与科技发展统一起来，实现人才和资源的充分共享，继而形成一种新的、交叉的、重要的科研组织运行模式。为了吸引更多的本科生加入，在实践中，我们进行了多层次创新实践平台的规划，对大一至大四学生的创新能力培养提出了规划和目标。

创新团队的活动采用不同的形式，有项目导向的，有学科导向的，也有松散型的。

（二） 注重创新实践平台的质量建设

建设创新实践平台是提高人才质量的新思路，是推动人才培养模式、课程体系、教学内容和教学方法的改革和创新的有效途径。

树立科学的质量观，重视创新实践平台的质量建设，通过 PDCA（计划—实施—检查—改进）的循序渐进、持续发展的高校创新活动实施模式来提高本科创新实践平台建设质量。

从第一个阶段——计划阶段开始，在充分调研的基础上，制订出一套切合实际的实施计划；在第二个阶段——计划实施阶段，组织筹建本科创新实践平台，围绕系统建设目标，优化整合有形和无形的资源，为学生构建一个扎实稳健的创新实践平台；第三个阶段是对平台建设的过程进行质量检查；第四个阶段就是信息反馈与处理、改进，即根据检验结果，总结成功经验，找出不足之处及原因，采取补救或改进措施。采用这样的循环模式，实现平台建设的质量管理。以科学发展观和质量工程为指导，以 PDCA 循环理论为基础，构建一个科学完善的本科创新平台并加强对大学生创新实践活动的质量管理，促进高校人才培养质量的提高，为社会输送更多优秀的创新人才。

在创新活动评价制度上，我们坚定创新的价值取向，设计了一个科学而完善的本科创新平台建设质量评价体系，对平台建设的效果做出科学评价并对人才培养的方式及其有效性进行了多方位的评价与深入的探讨。

（三）建设创新基地，进行合作研究

充分利用教学、实习基地和大学生社会实践基地锻炼学生的实践能力，可以有效提高教师和学生创新的积极性。

教育者们建立了大学生实践中心和创新基地，采取多种方式支持和鼓励学生进入中心（基地）学习、研究，进行发明创造。努力营造良好的交流与合作的环境，为不同类型、不同专业的学生提供相互学习、相互交流的机会。

在创新活动的组织中，应重视与企业的合作，通过"产—学—研"的结合，把课外科技活动与社会热点问题、市场需求结合起来，引导大学生参与到教师的教学、科研和创业的活动中去，提高课外科技活动的开放性和可参与性，使各类优秀人才脱颖而出。我们十分注意加强与企业，尤其是知名企业之间的联系，借助企业的项目与资金支持，不断改善实验室的创新和科学研究环境，以及可持续发展的研究氛围，为大学生的创新能力和科研能力提供更有力的保障。

（四）培养创新实践中的人文素养

创新活动是一个很好的实践环节，可帮助学生提高人文素养。

"素养"本身是由"能力要素"和"精神要素"组成的。所谓"人文素养"，就是人文科学的研究能力、知识水平，和人文科学体现出来的以人为对象、以人为中心的精神——人的内在品质。

创新人才应当具备的内在品质包括勇于坚持、敢于否定和质疑，包括推翻自己原来的想法，提出新的创意，不媚上，不盲从，不怕困难；同时，还要善合作，能沟通。

在担任多项科技竞赛指导教师的过程中，不少教育者发现不少专业的学生普遍存在一个问题，那就是各交叉学科专业的学生，似乎进入了某种程度的尴尬境地。一方面，机械设计等"硬"能力不及纯工科的学生；另一方面，"软"的功夫也不如理科或管理等专业的学生。于是，原本管理与技术交叉的学科，学生变成了管理与技术皆不精通。动手能力差成为相当普遍的问题。

教师会定期组织团队全体成员参加讨论，各组成员汇报近期的研究进展与体会，展开讨论，共享成果。可以为学生提供一个宽松的环境，给他们思考的空间，鼓励他们提出自己的疑问和看法。

不仅在创新活动组织的过程中，在课堂教学方面也是一样，大力改革教学方法，多途径培养学生的创新精神与自主研究的能力。除了教师讲授、课堂讨论之外，采用社会调研、工程实践、文献阅读报告撰写、科技论文写作等方式对学生进行全面训练，并通过研究成果的交流展示、论文报告演讲等方式，使学生在分享成果的同时，提高交流与沟通的能力，希望他们在知识输入的同时，掌握知识输出的能力，学会准确、善意地表达自己的思想和观点，并从学术高度归纳整理自己的想法，提高自己的水平。

在多年指导本科创新的实践中，一些教育者一直特别注重学生人文素养的形成与提高。就像前面说到的，去强调要"用自己的头脑思考"，不仅如此，在定期举行的团队交流活动中，通常会要求每一位成员说出自己的想法，让大家学会捕捉他人讲话中闪光的东西。我们经常采用头脑风暴的方法，展开热烈的讨论。在方案的探讨中，不停地肯定、否定，提出新的创意。

从理论上讲，人类的创造潜力是无穷的。但每一个个体的创造力却是有限的。任何人的每一次创新都是在大量积累的基础上呕心沥血的付出所得到的结果，而且即便如此，也不能肯定获得成功。

创新人才成长的最佳环境就是要允许失败。教育者们普遍欣赏那些不怕吃苦、不怕失败的人，同时告诉学生，失败就是确定了一条走不通的路，如果可以把所有走不通的路都确定下来了之后，剩下的，就是通往成功的那一条路了。

在教育者眼中，人文素养，不仅包含了科学精神、艺术精神和道德精神，还要有丰富的知识积累、很高的综合素质、很强的责任心、很好的团队合作精神，以及很棒的表达能力。按这样的标准、这样的目标，教育者们往往精心地培养学生并希望他们能够成为特别优秀的创新人才。

（五）实现科技创新实践的常态化

学生科技创新能力和实践能力的培养就是一项系统工程，应当将其纳入学校育人的整体规划。

要让更多的学生从创新实践活动中受益，就要实现科技创新从"精英活动"向普及活动的转化，要实现科技创新实践的常态化。我们组织和设计了各种面向全校和不同院系特定群体的各类科技活动，举办各类竞赛和课外科技活动，鼓励学生组成跨专业的团队开展创新与科研训练，安排知名专家教授组成"学生科技活动指导委员会"和不同学科竞赛的专家委员会，指导全校学生开展科技创新活动。

实现科技创新常态化的一个有效途径就是将课堂教学与课外实践有机地结合起来。对课程改革所做出的努力和变革就是要达到这样的效果。课外调研、社会实践，应该直接成为课程教学的补充内容。

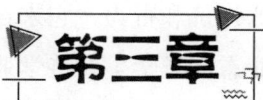

第三章 新时期学生学业的情绪管理

随着时代的发展和信息化的冲击，目前学生的学业压力和心理压力都比较大，如何帮助学生处理和管理好时代潮流冲击下的学业情绪对教育工作者来说是一件非常棘手的事情。本章从学生学业情绪的理论基础和学业情绪研究的理论支撑出发，介绍了学生学业情绪管理的重要性及管理策略，希望为学生学业的情绪管理指明一条道路。

第一节 学生学业情绪基础

一、学业情绪及其概念

（一）学业

学业（academic）一词是贯穿我们整个人生过程，对每一个人的成长和发展都必不可少的。在当代教育领域，对学业就有许多的研究，比如学业规划、学业测评、学业预警等。按照现代汉语词典（2012 年第 6 版 商务印书馆）和新华字典的解释，学业有以下三种解释：

1. 学问。如《墨子·非儒下》中道："夫一道术学业仁义者，皆大以治人，小以任官，远施周偏，近以修身。"这里"学业"是指一个人的学问渊博。

2. 学术。即是指系统专门的学问，泛指高等教育和研究。《三国志·蜀志·许慈传》中道："先主定蜀，承丧乱历纪，学业衰废，乃鸠合典籍，沙汰众学。"

3. 学习的功课和作业。即课业，是指学生在校期间通过学习所得到的知识。学业不是一个简单的过程，不单指某一具体的学习成绩或学习活动，而是贯穿学生的整个学习阶段的学习过程。我们平时所指的"学业有成""荒废学业"通常意义上指的是学生的课业情况如何，比如某人的学习成绩优良、学业有成，等等。

（二）学业态度

态度是人们基于自身价值取向和个人的偏好对事物所产生的评价和行为，它来自人们基本欲望、需求和信念，是人们内心情绪情感的心理反映。学业态度是学生对待学业的看法、观点，具体来讲，学业态度"是指学习者对待学习的比较稳定的具有选择性的反映倾向，是在学习活动中影响个体学习行为的内部状态，是由学习者的认知因素、情感因素和意向因素构成的一种互相关联的统一体"。[①] 学业态度受到多种因素的影响，如学生的学业观和价值观、学习成就、自我效能感、家庭背景以及学校教育管理环境等因素。目前国内有关学业态度的研究虽不是很多，但是研究和了解学业态度对于调适学生学业心理，预测学习行为结果、激发学生的学习动机等都有重要的现实意义。

（三）学业观

大学生的学业是指在现如今的受教育状态下，学生以围绕完成学业为主的一系列活动。它不仅包括文化知识和技能的获取，还包括思想素质水平提高、政治觉悟的培养、业务管理能力以及自主创新能力等方面的提升。大学生的学业是其安身立命的根本，因此大学生应当竭尽全力地完成学业。"大学生的学业观，即对所学专业、课业的态度和认识，在很大程度上影响着他们的学习、生活乃至人生前景"。[②] 学生只有具备良好的学业成就，才会为日后顺利就业，走好自己的职业道路做铺垫。学生有什么样的学业观就会在日常的学习生活中表现出不同的行为方式。大学生在对待学业问题上存在各种误区，比如有人将学业内涵理解得过于狭隘，或者对学业生活期望值过高；有的人对自身学业角色定位不准确，导致学业不精甚至荒废学业。我们要科学合理地处理学业与专业、学业与事业、学业与就业的关系。不仅如此，学生还要具备强烈的事业心、广博精深的专业知识、较强的沟通协调能力、良好的心理素质和强健的体魄以及创新精神。这些任务都应当在完成大学学业过程中养成。

（四）学业情绪

学业情绪是在"情绪"内涵的基础上衍生出来，与学生的日常生活行为紧密相连的。

---

① 陶德清：《学习态度的理论与研究》，广东人民出版社 2001 年版。
② 魏晓玲等：《论大学生学业观的培养》，载《保定师范专科学校学报》2005 年第 4 期，第 29 页。

由于影响学业情绪因素复杂多变，因此，学者们对学业情绪的内涵众说纷纭，尚未形成一致认可的概念。最早提出学业情绪内涵并对其进行研究的学者是德国著名学者 Pekrun。Pekrun 等学者认为"学业情绪是与学校学习、课堂教学以及学业成就直接联系的情绪，例如学习过程中的兴奋、成功后的自豪以及与考试相联系的焦虑等。它不仅指学生在获悉学业成功或失败后的情绪体验，也包括学生在学校环境中经历的与成就有关的情绪"。①孙士梅等人认为，学业情绪是多种情绪的集合体，主要包括日常学业情境下感受的与教师教学情况、学生所取得学习成绩情况和考试情境下感觉到的某些情绪情感的心理感受。俞国良、董妍（2005）和李精华（2012）等人认为学业情绪中的"学业"是指学生的学习活动和学习成绩，在吸取德国学者 Pekrun 对学业情绪定义的基础上将"学业"的外延扩大。

笔者通过查阅文献和总结国内外学者对学业情绪的探究历史，发现学者们对学业情绪概念的表述不尽相同。综合各位学者对学业情绪内涵的表述，笔者认为学业情绪是一种情境性、考试性、过程性的心理体验，其具体内涵是指学生在家庭、学校和社会等各方面综合因素影响下产生和体现出来的，并贯穿日常教学和学习过程始终，与学生的学业活动和学业成就相关的各种情绪情感感受。

二、学业情绪的结构维度

Pekrun 等人综合和梳理以往学业情绪的研究成果，多方面考察前人研究，将学业情绪的愉悦度和唤醒水平这两个方面划分为四类：第一类情绪是由积极事件引起的，而第二类情绪是当某一消极过程停止时出现的情绪。第三类情绪是消极情绪，它们缺乏主观控制，第四类消极情绪的特点是控制水平比较高。② 四类情绪分别为积极-高唤醒度的情绪（positive-high arousal）、积极-低唤醒度的情绪（positive-low arousal）、消极-高唤醒度的情绪（negative-high arousal）和消极-低唤醒度的情绪（negative -low arousal）。

我国学者对学业情绪的结构维度也做了一定探究考察。董妍、俞国良认为"学业情绪也可以按照愉悦度和唤醒度分为四类，即积极高唤醒学业情绪、积极低唤醒学业情绪、消极高唤醒学业情绪和消极低唤醒学业情绪"。③ "积极高唤醒学业情绪主要有高兴、骄傲、

① Peruke R, Goetz T, Titz W, et al. Academic emotions in students´ self-regulatedlearning and achievement：A program of quantitative and qualitative research ［J］. Educational Psychologist，2002，37（2）：91-105.

② Pekun R, Thamas Gortz, Wolfram Titz Academic emotions in students´ self-regulated learning and achievement：A program of qualitative and quantitative research ［J］. Educational Psychologist，2002，37（2）：91-105.

③ 董妍等：《青少年学业情绪问卷的编制及应用》，载《心理学报》2007 年第 5 期，第 858 页。

希望等具体情绪种类；积极低唤醒学业情绪主要有放松、平静和满足等具体情绪种类；消极高唤醒学业情绪包括焦虑、愤怒、羞愧等具体情绪种类；消极低唤醒学业情绪包括厌倦、无助、沮丧、疲乏-心烦等具体情绪种类，其中疲乏-心烦是指学业情绪的生理表现。"[1]

迄今为止，我国学术界大多采取的学业情绪划分方法是德国心理学家 Pekrun 提出的愉悦度和唤醒度这两个划分标准，共分为四类学业情绪。我们通过研究可以发现，学生的主要学业情绪有"愉快、希望、自豪、欣慰、愤怒、焦虑、羞愧、绝望和厌烦"九种。后来有研究者认为，"兴趣"是人体内隐的原始性情绪，而并非后天形成的具有稳定性的倾向，因此将"兴趣"纳入学业情绪内容中并应用于不同研究对象的学业情绪测验非常有必要。

三、学业情绪的影响因素

综合已有的研究，可将影响因素分为两个部分，第一是个体的内部因素（如成就动机、控制感和归因等），第二是课堂环境与社会环境等外部因素。

（一）内部因素

Atkinson 等人的成就动机相关研究认为：在不同的动机状态下会产生不同的情绪状态（Atkinson, et al, 1978）。假如追求成功的动机（MS）大于避免失败的动机（MAF），那么学生会出现渴望和热情等情绪状态；反之避免失败的动机大于追求成功的动机，学生就会出现焦虑和担忧等情绪状态（Plecha & Michelle, 1999）。由此可知，情绪状态可以成为学习动机的一个测量指标。

（二）外部因素

Hatfield 等人（1994）的研究发现：老师的热情通过情绪的感染，能够提升学生的内部价值感，从而使学生能以愉悦的情绪状态进入学习中。乔建中等人（1994）的研究发现，老师的授课水平能显著影响学生的认知行为和情绪状态，并高于课程性质对学生的影响。老师授课的"生动活泼性"是引起学生课堂情绪变化、认知行为程度差异的主要原因。

对考试焦虑的相关研究表明，班内竞争、失败后所受的惩罚均与学业有关的焦虑存在

---

① 董妍等：《青少年学业情绪问卷的编制及应用》，载《心理学报》2007 年第 5 期，第 858 页。

显著相关。对学生而言，老师的热情、学业压力、竞争、成绩以及老师、父母、同伴的关系对学习成绩的影响，都与学生的愉悦、厌倦、焦虑和绝望等学业情绪有重要相关（Pekrun，1998，2000；Pekrun et al，2000）。

四、学业情绪的特征和功能

（一）大学生学业情绪的特征

1. 多样性与复杂性并存

"多样性指学生在学习的过程中会获得各种不同的情绪经验，既包括对认知加工过程监控和调节的情绪，也包括直接促进或者延迟学生学习行为的情绪，例如自豪、厌倦、失望、焦虑等"。① 从学业情绪的产生方式看，其来源是多样化的渠道。学业情绪可以来自多领域、多层次和多角度，既可以指大学生在学校日常学习或考试过程中获得不同的心理感受，包括上课过程中表现出的对老师课堂讲授的即时情绪、作业任务的难易程度反馈和获悉学业成就成败的情绪感受等方面，或接受到周围同伴的反馈，抑或受家庭环境背景影响和社会实践经历对个体学业成就的自信体验影响。大学生现在正是心理发展的特殊时期，悲哀、失望、难过、哀痛等负面情绪都很有可能在大学生身上有不同程度的表现。因此，在这一时期，大学生的情绪情感和心理感受会异常深刻，有深刻性、多样性、丰富性的特点。与此同时，由于大学生特殊的年龄阶段、心理特征等，大学生在生活中的突发事件会不断涌现，学生内心的各种心理感受和情绪情感会相互交织、错综复杂地体现，所以大学生这一时期的情绪情感状态又有突发性、多变性、复杂性的特征。

2. 波动性与两极性同在

由于大学生的认知能力有待提高以及学习和任务情境的不断转换，学生的情绪活动往往强烈而缺乏持久性。因此，学业情绪具有波动性和两极性的特征。一个无意的说辞、一个善意的举动或者是一篇动人的诗篇都可以把学生的情绪情感带入一定境地；高兴时手舞足蹈，受挫时哀叹不已，沮丧时畏缩不前等表现出了学生情绪的两极性、极端性。以上种种情况都可以使其情绪发生某些变化，表现出了大学生情绪具有可变性、波动性的特点。大学生的情绪正处于"狂风暴雨"时期，年轻而富有朝气，在情感上细致入微，在情绪上百变多样，在表达上稍显极端。有时候学生的情绪管理能力较差，在一些环境刺激下激昂的情绪容易被挑起，而难以控制自身的情绪情感。因此，情绪的波动性与两极性特点凸显

---

① 陈国明：《国内外青少年学业情绪研究综述》，载《课程教学研究》2014年第9期，第20页。

出大学生的情绪具有冲动性、爆发性的特征。

3. 情绪的情境性和层次性

环境的变化和差异会使学生体会和感受到不同情绪情感体验。在一定的情景下，与学生以往的情境相类似的情感体验则容易使学生产生移情的状况。在不同课程或环境下，学生对自身学业任务和学习活动的态度不同、认识不同，他们也会产生类型相异的学业情绪。除此之外，学生在不同年级、不同时期、不同阶段都会有与之相适应的对应的支配情绪。大学新生面对的是崭新的生活和学习环境，在学习任务和学习方式转换、人际交往网络的编织、同窗情谊的培育和维系等许多方面会有不同的情绪。因此，各种学习生活情境综合起来会加大学生情绪波动力度，更容易产生各种情绪问题。

4. 情绪的外显性与隐匿性

学生的情绪具有内隐性和外显性并存的特征，外显中带着一定的隐蔽性。他们思想活跃，富有正义感，爱打抱不平，对公共性事物有较强的责任感，常常激扬文字，喜怒哀乐形之于色，这是其情绪的外显性。从大学生自我意识发展和心理发展所处特殊阶段来说，大学生学业情绪具有隐匿性特征。随着知识水平和文化素养的提高，大学生的思想内涵日益丰富，人际交往能力较之过去有一定提升，因此，大学生已然拥有了在一些环境克制自身悲愤、难过等各式情绪的能力，能将内心真正的情绪情感掩藏起来，在情绪反映上较为隐晦，于是就形成外在行为表现和内心情感体验不一致的特点。表面虽看似风平浪静，内心却如狂风暴雨在心头翻滚，这正是大学生学业情绪的隐匿性特征的表现。

（二）学业情绪的功能

1. 动机功能

Reinhard Peknin 等学者在十几年前的一项调查中发现，情绪在激起、维系、减弱或增强学习动机等方面都起着不可忽视的作用。比如类似高兴、兴趣、期望、愉悦等这些正性学业情绪能够使学生产生浓厚的学习兴趣，使其产生积极的学习行为，一定程度上可以维系学业活动的顺利进行；但诸如沮丧、失望、愤怒等这些负性情绪则会降低学生认真投入学习的热情，致使其学习动力不足而停滞不前。[①] 学业情绪具有一种独特的内在激发功能，日常生活中表现为情绪可以激发、调动或减少人的某些作为。不同类型的学业情绪对大学生学业生涯能够发挥不同效能。自豪、高兴等正性学业情绪可以驱动和激发大学生从

---

①   Pekrun R，Thomas G，Wolfram T, et al. Academic emotions in students´self-regulated learning and achievement：A program of qualitative and quantitative research.   Educational Psychologist，2002，37（2）：91-105.

事包括课堂听讲、课业完成、实践锻炼等各种学习活动的动机和热情，对学习动机产生放大或增强作用，可以帮助学生正视自身的学业态度，提高其学习效率；失望、沮丧等负性学业情绪能使人意志消沉，安于现状，惰于进取，降低人的生活热情和活动兴趣，不仅无益于学生的学习效能的提高，影响其学业成绩，甚至还会阻碍大学生的心理健康水平。

2. 预测功能

预测功能是学业情绪作为一种可控的中介变量，对大学生的心理健康水平和学业成绩具有一定预测作用，同时也能反馈、调节大学生的学业情绪。国内有学者利用人格量表所得到的研究结果，"客观地揭示了大学生情绪稳定性与其心理健康程度之间的内在关系"，[1] 大学生的情绪的稳固程度一定意义上决定着其心理康健水平，"大学生的情绪稳定性对其心理健康程度具有很强的预测作用"。[2] 大学生在日常学习生活中的情绪状态与学习效率、学习任务的完成情况以及课外探索情况有很大关系。积极正性的学业情绪能够带给学生自豪感和幸福感，有助于激发学生自信心和学习热情，在学习上达到最佳状态，进而有利于在学业上取得成绩。

3. 人际调节功能

学业情绪可以协调人们之间社会交往和人际沟通，是人与人之间往来交流所不可缺少的环节。情绪可以通过人们之间的情绪感染和情绪表现来树立良好的人际关系。人与人之间进行的感情交流能让人产生同情，互相感染，心理上互相接近和依恋，与他人建立和谐的关系，即情绪感染。情绪的适当表现能增进人们之间的相互理解，产生情感共鸣。人们在相互交往过程中通过观察他人的一言一行，体会他人的喜怒哀乐来调节自己与他人的关系。积极正性的情绪能给周围的人带来愉悦的印象和感受，而负面的情绪无论是对个人还是群体而言，危害都是很大的。个体若在情绪情感方面的困惑或迷茫一定时间内未能得到很好的疏解，长此以往会使个人的生活、学习或者工作的信心和热情锐减，无益于个人与周围的人际关系和谐度的提升以及个体生活幸福指数的正常维系。

4. 大学适应功能

学业情绪具有适应性功能。它可以促使学生在面对环境刺激，尤其是不期而至的事件来临时个体会相应发出自然的情绪情感反应，以此来适应、维系其与周边人事物之间的关系。情绪可以促使人进入一定的学习、工作状态。学业情绪是对外在事物对自身影响的反

---

[1]　刘连龙等：《大学生情绪稳定性对心理健康的预测作用》，载《西北大学学报（哲学社会科学版）》2007年第6期，第98页。
[2]　刘连龙等：《大学生情绪稳定性对心理健康的预测作用》，载《西北大学学报（哲学社会科学版）》2007年第6期，第99页。

映，通过向外界传递自身情绪信息，使外界能够识别、理解自己的某些情绪，或者从别人那里得到反馈来了解他人的情绪情感状态，以更好适应学习生活。初入大学的学生在一开始接触崭新的生活和学习环境时，自然会在心理上产生种种的不适应，比如学习任务、同伴相处、情感困惑、师生交流等。而学业情绪能够帮助学生调节人际关系，适应新环境、新群体，比如羞愧可以使学生加强个体与社会道德感和集体荣誉的一致性。如果学生对朋辈中的同伴带来某种伤害，其心中产生的内疚之情能够重新促使社会公平秩序的建立。除此之外的情绪诸如自豪、高兴、愉悦等，在构建和维系牢固同窗良好友谊的过程中均有不同程度的作用。这些正性情绪不仅能凝聚群体的合力，彰显群体的魅力，还有助于进一步提升学生的人际适应力和社会创造力。

第二节 学业情绪研究的理论支撑

一、Pekun 的控制—价值理论

Pekun 等学者于 2002 年第一次明确指出学业情绪的内涵之后又阐释了学业情绪产生原因以及影响学业成就的控制—价值理论。他的控制—价值理论"涵盖环境变量，控制和价值相关的认知评估以及学业情绪"[①]。该理论的运行机制不是单向度的因果关系，其内在作用机制是一个相互不断影响的循环系统，即学业情绪与其前因和后果之间存在积极或消极的反馈关系，"控制和价值评价是情绪的前因，但是情绪也能反过来影响这些评价；社会环境能够塑造情绪，但是情绪也可以通过学生对班级和社会环境产生影响"[②]。学业情绪的控制—价值理论不仅丰富了学业情绪的内涵，还拓展了其具体内容，为学业情绪的研究带来了崭新的研究视野。

（一）控制—价值的前因变量

控制—价值的前因变量称环境变量，"包括教学的认知品质及任务要求、自主学习与控制学习、成就期望与目标结构、成就的反馈及结果等，前因变量（环境变量）通过控制

---

① 刘阳等：《学业情绪的控制—价值理论》，载《黑龙江教育学院学报》2008 年第 12 期，第 72 页。
② 朱琳等：《学业情绪的控制—价值理论对教育教学的启示》，载《中小学心理健康教育》2012 年第 1 期，第 5 页。

及价值相关的认知评估影响学业情绪。学业情绪通过认知和动机的中介机制影响学业成就，学业情绪影响到学生的学习动机、学习策略、认知资源及自我监控，从而最终影响学生的学业成就"。①

（二）认知评估

控制—价值理论认为，"控制及价值相关的认知评估是环境变量与学业情绪之间的中介变量"。② 个体所做出的判断主要是通过个体对自我主体因素判断而来，即环境变化程度对学生学业情绪以及学习成就的影响是认知评估在其中发挥了重要效力。控制评估主要来源于学生对自身因素的觉察和判断，即主观控制感如何，是否顺利掌控学习任务、完成学习计划、自身的能力和认知水平如何。价值评估主要指外在条件对个体重要性如何的判断，是学生对事物重要性程度的个体判断，因此带有很强的主观性。

（三）学业情绪与认知评估之间的反馈关系

认知评估的过程发挥作用同个体情绪的产生几乎是同一时间出现的。"控制—价值理论认为影响学业情绪的重要因素有两个：一是对学业活动和学业结果主观控制感的评估，如对自己能否掌握学习内容的评估；二是对学业活动和学业结果的价值评估，如对学习任务重要性和有用性的评估。"③ 学生在主观认知过程中会产生某种学业情绪，对控制感和价值感的自我预测是产生学业情绪的前置条件。

二、拉扎勒斯的认知—评价理论

美国心理学家理查德·拉扎勒斯是情绪认知理论的一位代表。他认为情绪的产生来源于人和情境的相互作用。在个体的心理活动中，人不仅要受到接受特定刺激情境的"特殊作用"，受其作用影响，还要不断调整自身的情绪情感反映以适应当时的情境。另外，不可忽视的关键点是，个体的情绪情感活动离不开个体的认知结构模式的指导。这样一来，不仅方便人们知晓特定情境条件下所发生事件的具体内涵，做出选择恰如其分的有意义的动作行为。依照他的理论阐述，情绪应是个体在对一定刺激情境下发生的具体事件察觉到于自身有益或无益的情绪反应。所以，在个体心理所产生的一系列情绪活动中，个体有必

---

① 柯婧琼：《控制—价值理论研究对语文教育的启示》，载《中学语文》2016年第12期，第5页。
② 王晓东等：《学业情绪研究及其对教育的启示》，载《今日南国》2009年第12期，第38页。
③ 赵淑媛：《基于控制—价值理论的大学生学业情绪研究》，见中南大学湘雅二医院2013年论文。

要对与自身相关的刺激情境做出适当的评价。具体来讲一共有三个层次的评价，即初评价、次评价和再评价。初评价是指在一定刺激情境下发生的事件于个体自身而言是有益的还是无益，以及与自身的利害关系如何。正常情绪情感状态下的个体都会产生这样的评价行为，这是个体适应周围环境的表现。次评价是指个体在对刺激情境对自己发生作用时自己的反应，是个体对事件进行调控的进一步作为，主要包括个体对刺激情境下所发生事件对自身的影响力如何以及对其掌控感程度。再评价是指个体来判断和评价自身情绪情感反应结果是否有效、合理及适宜，究其本质是带有反馈性质的反思行为。

第三节　学生学业情绪管理的重要性及管理策略

一、重视管理学业情绪的重要性

（一）优化学生学业适应，展现"以人为本"的教育内涵

"以人为本"是一种人情化、人性化的教育理念，因此，将之有效落实于实处有益于学校真正把学生的全面发展当作教育的出发点和归宿。对学生学业情绪进行管理真正体现了"以人为本"的人性至上的精神理念。现如今的学生朝气蓬勃，异常关心自身和他人，乐于展现自己的个性，在情绪上的感受也是多样而丰富，但与此同时也伴有情绪不稳定和难以控制等缺陷。因此，学生在学业生活上的喜怒哀乐，很大程度上影响学习的心情、求知的动力甚至学业成就。学校的教育管理工作只有密切关注学生的情绪情感状态和心理体验，适时适机对学生的负性学业情绪进行调适，因人施教，因人施管，不断提升学生的情绪素质，增强情绪品质，才能提高学生的心理健康水平。只有这样，高校学生的教育工作才能够有效达到用情化人、用情感人、用情育人的目的。

（二）有益于激起学生专业学习动机，形成积极的学习态度

学习态度积极上进与否在学生的日常学习生活中一定会有所表现，例如精神集中、态度认真、学习劲头十足、学习投入等一系列表现，学习上进积极的外在表现包括注意力是否集中，情绪倾向是否稳定，意志力是否坚强等。学习内在动机的驱动是顺利完成学业的关键因子，学习内在动力的效力一旦发挥，它就会散发出不可预测的能力，能够有效驱使个体的行为朝着满足学业各方面发展的地方发力，最后取得理想效果。学业情绪是体现学

生学习心理状态的"晴雨表"，它对学生的学习、生活适应以及其他方面活动的发展起着十分重要的效用，对提高学生学业质量具有重要价值。因此研究学生的学业情绪有益于学生正性向上态度的养成，激发他们的专业学习动力和学习效率的驱动和提升。

（三）动态了解学生情绪状态，益于教育工作深入开展

学生在日常生活中会出现多种多样的学业情绪，由于情绪的掩饰性特征，学生随着知识水平的提高、思维世界的发展，学业情绪会更细腻、更复杂，在情绪表达上会更隐匿。他们多年来心理世界的变换发展，依然拥有在一些情境刺激下管理和调适自身的负性情绪，如失望、沮丧、悲伤等。这样一来他们自身真正的内在情绪情感被掩藏起来而外人不得识别。因此，如何准确地识别、把握和调节他们的各种类型的学业情绪成为提高教育工作实践实效性的重要环节。只有精准把握学生的学业情绪状态，深入学生的心理实际，才有助于促进教育工作的深入开展研究和实践活动，使教育工作不盲目发力，有的放矢。

（四）提升学生情理兼修能力，强化其学业幸福感

学生情理兼修能力的提升对于增强其学业幸福感意义重大。情理兼修能力的培养是新时期的学生必须具备的人文素养，为增强学生的社会适应能力和创造力，促进学生人际沟通的顺畅发展奠定心理基础。情理兼修有助于学生人尽其才，使其最大限度挖掘和发挥自身潜力，培育其优良的情绪品质，达到"智情并举"的培育目的。所以，学生对心理学知识的学习和储备仍是十分有必要的。对学生的学业情绪进行管理有助于学生情理兼修能力的增强和优良情绪品质的形成。学业幸福感基于学生自身在完成学业期间的主观感受度如何。学业幸福的不断提升是教育目标和价值追求的集中体现。学业情绪是学生围绕其学习生活产生的各种情绪体验，是与学业成就、学业认知和评价等因素紧密相连的，学业情绪如何对于学生学业幸福感有重要意义。

二、学生学业情绪的管理策略

（一）教育主体施展管理主动权

1. 提升教师情绪胜任素质

教师的情绪胜任素质不仅要求教师完成一定教学任务，提高教学效能，而且要求教师在教学过程中也要具备相应的情绪胜任素质。一方面，教师必须学会理性控制和调节自己的情感，尤其在教学过程中不能终日面若冰霜、板着脸孔，对学生冷眼旁观；另一方面，

教师要想方设法以自身乐观向上、开拓进取的情绪情感状态去启迪和影响学生，激发学生正性向上的学业情绪，营造活泼欢快的课堂情绪氛围。

2. 提高专业教师课堂授课技巧

教师要注重提高自身的讲授艺术，提升课堂讲授质量。缺乏生机与活力的课堂只会给人带来死气沉沉之感，学生会产生低落、失望、兴趣不高等负性学业情绪。通俗易懂的富有幽默感、条理性和启发性的课堂授课方式一般能较好吸引和维持学生的注意，能引起学生快乐求知的积极情绪体验。因此，教师要灵活运用授课方法，注重讲课形式的新颖性、趣味性，具有自己的授课风格，才能使学生产生愉悦、高兴、兴趣等正性学业情绪，才能更好地引发学生求知的动力、学习的热情，焕发大学讲堂的光彩。

3. 辅导员做好学生情绪管理工作

辅导员在日常生活中要"了解自己情感发生发展的特点、水平和规律，学会一些管理的手段和方法，形成良好的情绪反应能力和适宜的宣泄方式，经常保持良好的心境和乐观、沉着的情绪。只有这样才能在实际工作中不感情用事，让学生始终有安全感、可靠感"。[①] 辅导员队伍平日里与学生接触较多，关系更为密切，在学生的情绪情感教育上发挥着"一线"作用。辅导员要善于动态把握学生的情绪状态，避免因学生负性情绪的长期积累、蔓延而导致极端事件发生。要不断提高辅导员自身的心理素质，注意辅导员自身情绪管理。

（二）教育客体管理主动性

1. 心理层面

（1）加强学业情绪的自我认知。学生要想成为自身情绪的主人，首先必须学会正视自身情绪情感，才能更好地管理自身情绪，以积极乐观的心态对待生活。学生加强自身学业情绪的认知可以从以下方面着手：一是及时洞察、辨析自身情绪，尽量避免因情绪认知偏差导致的不理智行为发生。二是要善于找出自身的情绪盲点，了解自身的情绪周期。对于偶尔出现在自身的如情绪低落、沮丧、烦恼等现象不要怀有抱怨、消极的态度，而是坦然接纳和调整自身学业情绪。三是在日常生活中，学生要特别警惕情绪迁移，防止泛化的负性学业情绪对生活其他方面产生不利影响。加强情绪的自我认知也需要形成科学、适宜的归因方式。学生在面对自身消极情绪时要善于从自身找原因，总结和反思自身能力水平、

---

① 陈庆健等：《大学生辅导员必备的政治、道德、心理、人文素质》，载《广西青年干部学院学报》2003年第3期，第64页。

专业素养和努力程度如何，专业态度是否端正等，从而激发学生积极正性学业情绪，促使良好动机和行为的产生。在日常生活中遇到使自身情绪不佳的事情时要尽量保持冷静、沉着，理智分析造成自身负性情绪的原因，促使情绪归因方式朝良性方向转变。

（2）增强学生学业情绪弹性。情绪弹性对于明确和调节学生个体情绪的差异，对其行为变化进行针对性的辨别、促进，使学生的心理朝着和谐健康方向发展有重大影响。增强学生的学业情绪弹性可从下面几个要点入手：第一，要学会情绪臣服，坦然承认并接纳自身的情绪，将情绪的负能量转变为正能量；第二，增强正性情绪感受，避免极端化情绪倾向的产生；第三，要学会接纳任何状态下的自己；第四，积极寻求社会支持。社会支持具体来讲包括家庭、朋友、其他方面等给予的精神上和物质上的支持和帮助。个体所拥有的社会支持度越高，社会关系越丰富，就能够愈加自如地应对来自各方面的挑战。

2. 行为层面

（1）灵活运用多种情绪调节方法。教育工作者要通过日常的情绪情感模拟练习教给学生一定的管理方法。学生可以运用以下情绪调节方法：第一，注意转移法。当学生出现情绪低落的情况时，要把注意力转到那些能使自身情绪稳定、使自己愉悦开心的事情上去，防止负性情绪的泛化或蔓延。第二，情绪升华法。情绪升华就是将内心的负性情绪与自己脑海里让人开心的因素结合起来，将悲伤、郁闷、烦恼等情绪利用起来，化不利为有利，使之在现实中变为积极行动。例如，当我们考试失利时，难过、悲伤、失落等一些负性情绪会随之产生，但如果我们能够正确看待考试与自身的关系，不抛弃不放弃，这样就有利于把负性情绪顺利转变为进取行动。第三，合理宣泄法。当学生负性情绪发作时，要学会与他人分享自身情绪，使受挫的情绪得到有效的疏通和排解。

（2）优化情绪归因方式。归因方式如何，在很大程度上影响到对周围事物的看法，甚至直接导致某种情绪的产生。学生在日常生活中遇到使自身情绪不佳的事情时要尽量保持冷静、沉着，理智分析造成自身负性情绪的原因，促使情绪归因方式朝良性方向转变。第一，形成科学合理的归因方式。学生在面对自身消极情绪时要善于从自身找原因，总结和反思自身能力水平、专业素养和努力程度如何，专业态度是否端正等，从而激发学生积极正性学业情绪，促使良好动机和行为的产生。第二，要培养自身的同理心。学生在日常生活中要学会换位思考，常以同理心度他人之心，尝试站在别人一方去看待问题。第三，善用"加法思维"，对生活中产生的乐观、积极、愉悦的情绪做加法，保留正性的积极情绪，剔除负性的消极情绪。

（三）教育介体中灵活运用多种方式

1. 优化课程体系

在当前社会分工日渐精细，各行各业的竞争日益激烈的大环境下，学校的课程目标和内容需要不断融入时代元素，不断适应学生多元化的发展需求，与社会的就业需求相衔接，不断响应时代的号召；强调专业的人文性，让专业知识更加具有实用价值，更加具有生活气息。学校要不断优化专业课程内容体系，增强专业实践锻炼的实用性，使其不断适应社会需求和学生就业诉求，对于增强毕业生就业能力和竞争力、改善专业的就业困境都具有重要意义。

2. 完善情绪课程相关内容

学校的课程体系要与时俱进，迎头赶上，与学生的实际心理状况和现实需求相结合，与先进的教育改革理念和教育模式相衔接。大部分学校对学生的情绪情感方面的教育、分享和交流关注度不够，较少从学生发展角度出发去完善体现人文情感的课程体系。在学校课程中应加入情绪教育或情绪管理等与之相关的内容，如情绪管理、心理学等，从而全面、系统地了解情绪教育的有关知识，将情绪心理知识运用于学生的日常生活，不仅可以教会学生练"心理瑜伽"，做好自身的情绪管理，提高自身的"情理兼修"能力，还有助于完善课程体系，提升学校教育水平和办学效率，坚持"以人为本"的教育理念，开展人文式、情感式的情绪教学。学校要在重视心理学专业的发展和应用基础上，充分重视情绪相关课程的引入和研究，将情绪管理课程纳入学校教学课程体系，优化课程结构，加强学校课程建设，使学校课堂成为学生产生积极正性学业情绪的"原始基地"。

3. 加强情绪管理团体心理辅导

情绪管理团体心理辅导常用的情绪管理法有以下几种：如角色扮演法、情感训练法、情境模拟法。根据学生的年龄、性别等特点，制定情绪管理团体辅导目标、计划以及切实可行的实施方案，在具体实施时要有所侧重；对不同学生的情绪问题采用不同的辅导方式，找出情绪问题的关键点，从而做到有的放矢，有针对性地开展辅导工作；要结合学生遭遇情绪困扰的实际案例和热点现象开设专题辅导，如学生在就业压力、学习困难、大学适应、恋爱等方面产生的情绪情感问题在实际辅导时应加以重视。

（四）教育环境创造浓郁"学业情绪场"

1. 改进学校管理环境

学生的日常学习活动都是在一定环境中进行的，学校环境是学生在一定范围内完成学业的集中地域。学校的管理环境具有教育性的功能，是在多方面条件影响下成长和发展起来的。学校管理环境的优化途径包括学校物质环境、校园人文环境、制度环境等方面。学校只有为学生提供温馨舒适的学习生活环境、浓郁的文化氛围和坚实的制度保障，才能使学生的正性情绪情感状态得到保证。改进和优化学校管理环境，除了需要不断地施展学校管理者的主动权，还应形成以学校环境为主、家庭环境和社会环境为辅的教育网络，使三方形成相互协调、共同一致的教育力量，发挥三方的积极影响作用，克服各方面的消极影响，共同构建学校优良的管理环境。

2. 营造温馨和谐的家庭环境

家庭氛围能够对学生气质和性格的培育有感染、熏陶的效果。温馨和谐的家庭气氛使学生感到情绪、精神上的愉快，生活上积极乐观，内心充满安全感和归属感，学习上信心十足；家庭气氛不融洽的家庭，会把学生带入心理压抑的紧张中，整日忧心忡忡，情绪不安，如履薄冰，使学生对家长产生不信任感、不安全感。当今的学生在学习、情感、就业等各方面集聚的压力已经使他们产生了很大心理负担。家长若不能站在学生立场为他们着想，例如亲子之间缺乏有质量的沟通、家长过高的期望目标和严苛的要求会使学生产生烦躁、焦虑、恐惧等负性情绪，这都无益于学生学业成就的顺利获得以及各方面素养的提升。因此，融洽家庭氛围的创设对学生正性学业情绪的形成、健全个性心理的发展至关重要。家长和学生之间要做到换位思考，在客观分析学生学业情况、社会就业形势基础上科学制订目标计划，缓解学生的学业压力，以同理心去理解学生内心，加强亲子沟通，营造和睦的家庭情感气氛。

3. 优化社会创业就业环境

在社会上要营造一个珍惜人才的用人环境。社会上要发挥就业服务机构的作用，用人单位要明确社会自身需求，做好与毕业生之间的沟通和互动。用人单位应以一种包容的心态来对待学生，尤其是能够给毕业生以平等的就业机会，信息开放透明，不能利用学生急于找工作的心理去设置额外门槛、提供虚假信息或向毕业生收取非法费用等。政府要规范和整顿就业市场，健全和完善相关法律法规，规范市场招聘秩序，努力促进毕业生就业体制改革。加大对毕业生的就业扶持力度，通过政策导向、福利待遇等方式，将国家、社会的需要和毕业生的就业意愿相结合，从而达到合理配置和优化人才资源的目的。

第四章 新时期学生教育的多元化培养

新时期学生教育也要往多元化方向发展，本章主要探讨学生教育的多元化培养策略：充实学生的文化知识，提升学生的创新能力，端正学生的价值观，促进学生的心理健康，增进学生的体育体能。

第一节　充实学生的文化知识

一、正确认识知识教育在人才培养中的价值

实用主义教育思想直到今天仍然有着广泛而深远的影响，学生总希望学到最实际的科学技术，学校也试图将最新的科技知识纳入课程内容中。一般说来，学校普遍传授的科技知识总是滞后于其产生，这种知识产生与传授间固有的矛盾，使学生和学校的良好愿望都难以完全实现。尤其是信息化时代，知识更新的速度不断加快，新的科学技术层出不穷，仅从实用层面上讲，今日在学校里学习的科技知识，明天走出校门后就会显得陈旧。于是人们开始怀疑知识的确定性和普遍性，注意到知识的缄默性和境遇性，对知识价值的评价出现多元化和综合化趋向。从知识固有的直接功用上看，不同类型知识的价值属性存在着差异，科学知识崇尚客观与精确，重在求真；人文知识推崇价值与意义，旨在求善，工具知识讲究方法与技巧，意在得法。另一方面，从个人获得知识的过程与结果及其在人才成长中的作用上看，每种知识又兼具多方面的教育价值属性。

（一）知识教育的认识价值

知识是前人的认识成果，是后人对事物进行再认识的基础。知识是人类在各种社会实践活动中获得的对自然、社会和思维等事物的认识成果，是人类经验的总结与提升。在漫

长而广泛的人类活动中，人们从不同的角度对知识进行分类，并形成了不同的学科知识门类，每门学科知识都凝聚着人类极具广泛的和深刻的实践智慧。只有掌握前人的认识成果，才能更迅速、更深入地认识和把握客观世界，从而推动人类文明的发展。如果没有前人的认识成果及其传递，人类文明的进步就会举步维艰。因而，学校教育中不能忽视知识的认识价值，轻视知识的传授，知识传授永远是学校教育的基本任务。

（二）知识教育的智力价值

知识不仅具有帮助人认识世界、把握世界的作用，而且有促进人的智力发展的功能。知识的智力价值体现在知识与智力活动间有着不可分割的联系。首先，知识中隐含有智力因素，知识是人类智力活动的成果，每一点关于事物本质和规律的认识都闪烁着人类智慧的光芒。其次，智力活动离不开知识，尽管知识本身不是智力，是人类智慧的结晶，智力是人认识世界的能力，但智力活动必须以一定的知识经验为内容，完全脱离知识经验的智力活动是不存在的。知识的智力价值存在于知识内容之中，知识的有无、多少及其性质对智力的各要素，如观察、记忆、思维、想象和推理等能力都有着重要的影响。即便主张科技理性的培根也深刻地体会到"读史使人明智，读诗使人聪慧，演算使人精密，哲理使人深刻，伦理使人有修养，逻辑使人长于善辩"。可见，不同的知识对人的智力发展有着不同的作用。虽然知识教育的智力价值早已为形式教育派所重视，然而当整个教育领域弥漫着轻视知识教育的迷雾，知识教育的智力价值被人们淡忘时，重新唤醒教育工作者对其智力价值的认识，充分注意并发挥知识教育在促进人的智力发展中的功用，具有十分重要的现实意义。

（三）知识教育的思想价值

思想性是知识的内在属性。知识可以丰富人的思想、深化人的认识，是个人思想的重要组成部分。20 世纪 80 年代以来，受建构主义和人类文化学的影响，人们意识到知识是以社会和文化为中介的，并与一定文化体系中的价值观念、生活方式、语言符号及社会信仰不可分割。一般说来，一个人世界观、人生观的形成与其自身的知识积累密切相关，知识的种类、数量、质量以及获取方式，对个人价值观念与信仰都会产生潜在的和深刻的影响。学校传授的是结构化和体系化的知识，其中必然贯穿一定的指导理论和方法论，这些理论和方法论都会对学习者精神世界的发展产生积极的促进作用。学校教育工作者要对知识教育的思想价值有清楚的认识，在知识教育过程中，要重视知识的思想性，充分挖掘各种知识所具有的思想教育价值，在知识的传授过程中渗透思想教育。

二、充实学生文化知识的策略

（一）恰当调整培养目标

历史的原因，人们对文化知识的认识具有局限性，反映在培养目标上具有片面性，要么偏重知识的德行教育价值，培养服从社会需要的道德人；要么偏重知识的功利教育价值，培养物质生产需要的技能人。基于对文化知识多样性的认识，要调整培养目标，以知识的获得为基础，以素质的拓展为重点，以能力的形成为核心，确立"知识、素质、能力协调发展"的综合培养目标。知识的获得是素质拓展和能力形成的基础，素质拓展和能力形成是知识获得的终极目标。因此，学校的培养目标是促使学生成为具有一定的认识能力和文化素养、成为能适应生活和创造生活的自由人。

（二）精心组织课程内容

在信息时代，随着知识技术的更新频率加快，从而也增加了课程内容选择和组织的难度。考虑到文化知识的综合性，课程内容的选择和组织应遵循以下基本原则。一是基础性与时代性相结合，既要精选学生学习必备的学科基础知识，又要及时吸收学科前沿的知识成果。二是系统性与综合性相结合。知识的组织和呈现要有良好的系统性，这种系统性不仅直接影响着学生对知识的理解、记忆和运用，而且还会影响到学生的学习习惯和智力发展。同时要培养学生综合运用知识的能力，要增设跨学科的综合性课程，这种课程不是学科间知识的简单拼凑，而应该是依托问题的综合性学习，即通过问题的设立与解决，实现学科间的交叉与融合。

（三）重视实践教学环节

书本知识的习得过程虽然对学习者认识能力的提高、智力的发展和思想的丰富具有积极的作用，但是文化知识只有在学习者的实践活动中才能得到体现。人类的知识经验源于实践，实践活动是人类已有知识经验的具体运用，并不断丰富和发展人的思想认识，同时实践活动需要智力活动的支持和参与，没有智力活动的实践是不存在的。因此，实践教学是文化知识得以提高的关键环节。实践教学是在教师的帮助和正确的指导下运用知识和训练技能的过程。当前我国学校实践教学环节非常薄弱，这严重制约了文化知识的发挥。学校教育应当加强课程实习、实验教学、社会实践和社会调查等实践教学环节，积极改善实践教学内容和方法，制订合理的实践教学方案，建立和完善实践教学体系，以确保文化知识的充分实现。

第二节 提升学生的创新能力

一、创新能力

(一) 创新能力的概念

创造学和心理学上一般用创造力来表示创新能力，意指创造、创建、生产、造就的能力。然而事实上，创新能力与创造力在内涵上并不完全相同。

根据中国矿业大学庄寿强教授的观点，创造力是一种隐性的创造潜力，是人的一种先天性自然属性，与后天的知识和经历并没有直接的关联。而创新能力是一种显性的创造力，是人的一种社会属性，它是在人后天教育或培训的基础上形成的一种能力，与人后天的知识和经历有十分密切的关系。因此，创造力是无法测量的，但创新能力可以测量。

虽然庄寿强教授的观点将创造力与创新能力区分开来，但他并没有明确指出究竟什么是创新能力，国内学者对创新能力的理解也各有不同。他们的观点总结起来大致可分为以下三类：

第一类观点认为创新能力是 "个体运用一切已知信息，包括已有的知识和经验等，产生某种独特、新颖、有社会或个人价值的产品的能力"①。持这一观点的学者有张宝臣、李燕、张鹏等，他们将创新能力分为创新意识、创新思维和创新技能三部分，并将创新思维看作创新能力的核心部分。

第二种观点认为创新能力是人们获取、改组和运用已有知识的能力，以及研究与发明新思想、新技术、新产品的能力。持这一观点的学者有安江英、田慧云等。

第三种观点认为创新能力是建立在基础知识、专业知识、工具性知识或方法论知识以及综合性知识四类知识结构基础上的能力。持这一观点的学者有宋彬、庄寿强、彭宗祥、殷石龙等。

综合分析这三种观点可以发现，虽然这些观点在表述上各有不同，却都解释了创新能力的某些内涵特征。因此，本书综合以上观点认为，所谓的创新能力就是 "在前人发现或

---

① 周延波等：《高校创新教育》，科学出版社 2011 年版。

发明的基础上，创新主体以已知信息或知识为基础，对客观事物或现象进行重新组合，产生出具有新颖独特、有社会和个人价值的产品的能力"①。这一概念主要是根据产品来判断创新能力，其判断的标准主要是看产品是否新颖、是否独特、是否有社会或个人价值。若都符合这些标准，则说明其创新能力较高，反之则不然。

（二）创新能力的构成

作为人在创新活动中表现出来的各种能力的总和，创新能力对于创业者的创业实践成功与否具有重要的作用。因此，了解创新能力的构成要素，对于深入理解创新能力的本质特性，训练、培养、开发与提高创新能力具有十分重要的意义。具体来看，创新能力主要由以下几个要素构成。

1. 提出问题的能力

一般情况下，进行创新会经过一个"发现问题—寻找资料—弄清问题"的过程，因此，由创新者在已有知识、信息、经验和价值观的基础上针对创新对象的情景、状态和性质提出新问题也是创新能力的一个重要构成。从构成上来看，提出问题的能力一般由以下几方面的能力构成：

（1）抓住经验事实同相关理论矛盾的能力。每一个新的观察和实验结果以及多数的反常现象均有可能与现有的一些理论、概念等发生冲突，这就需要创新者具有抓住经验事实同相关理论矛盾的能力，以便及时从各种蛛丝马迹中发现这些问题，并运用一些合理的方式将这些问题提出来。

（2）抓住理论内部的逻辑矛盾的能力。一般情况下，理论的内部都应是和谐的，假如理论的内部出现了问题，那么必然会引出两个相互对立的论断，这就需要创新者具有抓住理论内部的逻辑矛盾的能力。

（3）巧问问题的能力。在很多情况下，一些创新者已经发现了问题，但由于提问的方式不对，经常导致提问效果不佳，因此，巧问问题的能力也是创新者科学、合理提出问题的重要组成。

2. 解决问题的能力

不少人都会提出一些问题，其中有不少问题都相当有价值，有些人甚至也已经思考出了解决问题的方案，但大多数人或者由于缺乏完成能力而不能将方案付诸实施，或者因解决问题的能力不足，导致创造出的创新产品很粗糙，难以达到预期的效果，最终被淘汰，

---

① 周延波等：《高校创新教育》，科学出版社 2011 年版。

自然也就达不到真正的创新。可见，只有创新者拥有解决问题的能力，才能完成创新，也才能取得创新的效果。因此，解决问题的能力也是创新能力的构成要素。

所谓的解决问题的能力主要指的是在提出问题后，能够不畏艰辛、一丝不苟地完成有价值的创新设想的能力，它是在对所提出的问题尚无现成的方法可用时，把问题的初始状态向目标状态转化直至实现目标的全过程。

一般情况下，解决问题要具备四个因素：一是解决问题的过程是明确、清晰、科学、合理的；二是解决问题的全过程，对操作的已有知识和相关知识的掌握是完备和充分的；三是解决问题必须是个性化的；四是解决问题应是指向目标的。

3. 实施创新方案的能力

在提出创新方案后，创新者需要将其付诸实施，这样才有可能获得成功，这就需要创新者要有实施创新方案的能力。具体而言，创新者实施创新方案的能力主要包括以下几方面。

（1）语言表达和写作能力。很多创新方案都需要创新者用文字或语言表述出来，以供人们理解或作为创新成果完成的一种形式，在这种时候，如果创新者的语言和写作能力不强，是很难清楚明白地表现出自己的想法和思路的。再加上创新方案的撰写与文艺写作是不一样的，它更要求科学的可靠性和逻辑的严密性，要求撰写者逻辑严密，论证充分，结论明确，阐述简洁精练。因此，创新者必须具备一定的语言表达和写作能力，这样才能更好地解决问题。

（2）提高效率能力。由于提高效率也是提高执行力的一个重要手段，关系着创新者解决问题的成功与否，因此，创新者也需要具备提高效率能力。一般来说，要提高效率需要节约时间和提高速度，以便在科学合理的时间范围内，快速高效地完成某件事情。此外，要提高自己的效率，还需要将精力、时间集中在当前所做的事情上，以便形成一种能量聚焦效应，推动办事效率的提升。

（3）组织能力。一般情况下，要将自己的方案付诸实施都需要其有一定的组织能力，不仅能够合理组织实施的步骤和节奏，而且能够合理组织实施所需的资源支持等，可见，具备一定的组织能力对创新者而言是十分必要的。

（4）成功益进能力。研究发现，一些失败者最初进行创新时是成功的，却在成功后开始自满，从而故步自封，最终以失败告终。可见，成功是没有穷尽的，要想获取成功，就需要始终保持非常谦虚学习的态度，不因自己的成功而沾沾自喜，不求上进，反而要自觉地抵御成功后自己身边环境氛围变化对自己的诱惑，正确对待荣誉、捧场、奉迎、物质和精神享受，不应因这些东西而迷失自己。在实施创新方案的过程中，创新者应具有成功益进能力，将成功放在明天，把计划放在今天，把行动放在现在。

（5）精雕细刻能力。一般情况下，创新者提出的创新方案大都是从大处着眼，比较重视方案的原理和巧妙性及其如何实现，而很少考虑细节的尽善尽美。而在实践过程中，不少创新方案最终以失败告终也都是因为在细节处理上不到位，因此，创新者需要对每一个细节都予以重视，这就需要创新者在实施这些方案的时候，能够注意各个细节，精心思考、分析、计算和制作每一个细节并注意不同细节之间的关系，以便使每个细节都趋于完善，达到可靠、经济、实用、美观的目的。而这些实际上都归属于精雕细刻能力的范畴。

4. 把握机遇的能力

机遇就是在行为或事件过程中偶尔出现的，能够给人带来转机和良好效果的条件。在人的一生中，可能遇到各种机遇和转机，若能够及时抓住这些机遇，那么可能会给人带来意想不到的好处或积极效应。将其放在创新活动中也是一样，若创新者能够及时意识并抓住机遇，便很有可能实现自己的创新目的，因此，把握机遇也是创新者必须具备的一个能力。

5. 借力能力

所谓的借力能力就是指将他人的优势借为己用的能力。从创新方案的实施过程和效果来看，创新者若具有借力能力，则能够为创新方案的实施提供一定的支持，因此，创新者具备一定的借力能力是必要的。一般情况下，在创新的过程中，若想运用借力能力，首先，创新者需要清楚自己的优势和劣势，对自己进行正确评估，这样才能科学地借力，也才能对自己的创新活动产生正向的促进作用。其次，创新者要科学选择借力的方向，选择那些能够对自己的创新活动有用的知识或手段来促进自己的创新活动的实施。在实践过程中，创新者可借用的知识或手段主要有最新科研成果、最新或有用信息和社会各界的力量等。

6. 创新型学习能力

创新是一种超越自我、超越当前思维嗅觉，识别生存背景可能发生的各种变化，并主动遵循这些变化来积极驾驭生存状态的活动。它特别强调高瞻远瞩，捕捉学习创新、生活创新、事业创新的方向或主题以及方式、方法，以有效地改善自己的成长环境，促进社会的进步和发展。而从其产生特点来看，创新是创新者为提高自身素质而在创新型生存理念之上建立起来的一种精神和能力，而这种能力的培养或激发都需要创新者进行创新型学习，需要他们将自身的全部活力融入人类"生存源于创新"的永恒序列的崇高理念之中，这样才能通过终身学习获得奋勇创新的力量源泉。从这一层面来说，创新型学习能力也是创新能力产生的基础，更是创新能力的构成要素之一。

二、学生创新能力的提升策略

对大多数学生而言，要提升自己的创新能力就需要从两方面入手：一是通过创新教育来激发自己的创新能力；二是通过自我训练培养自己的创新能力。本节我们主要从这两方面来分析如何提升学生的创新能力。

（一）通过创新教育提升学生的创新能力

作为一种不同于传统教育的新型教育形式，创新教育既不以单纯的积累数量为目标，也不以知识继承的程度为目标，而是在强调合理的知识结构及获取知识的方式的同时，注重对大学生各种能力，特别是创新能力的培养。因此，创新教育并不像传统教育那样培养的主要是同一规格的人才，而是培养具有个性特征的创造型、复合型、通才型的创新人才。可见，通过创新教育提高学生的创新能力是十分可行的。

当前，作为一项提升学生创新能力、为社会培养创新型人才的教育事业，创新教育得到了越来越多的重视，在国内一定范围内广泛开展，并取得了一定成绩，但其中也存在一些问题，如创新教育理论研究多，付诸实施少；形式创新多，内容创新少；孤立创新多，整体创新少等。针对这些问题，我们可从以下几方面入手：第一，转变创新教育的观念，树立科学创新的思想基础；第二，不断提高创新教育的师资队伍水平，为创新教育的实施提供必要的支持；第三，改革创新教育的管理方式，努力营造适合大学生创新教育的氛围；第四，改革创新教育的课程结构与教学内容，建构科学、合理的创新教育课程体系；第五，加强对创新教育的宣传和研究，努力形成全员主动参与创新教育的新局面。

（二）通过自我训练提升学生的创新能力

对新时期的学生而言，创新能力是很有必要的。而创新能力来源于创新思维，它是人们应用发明创造成果开展变革活动的能力。然而从当前的社会现实来看，大学生目前的创新能力普遍较低，这主要体现在以下几方面：第一，大学生虽然具有创新的动机，也具有一定的创新意识，却不善于利用和创造条件；第二，随着知识和经验的不断积累，大学生的逻辑思维能力有了很大的发展，思维也比较敏捷，但长期受应试教育制度的影响，大学生的思维方式多是单一的、直线式的，因而在问题的思考上表现得十分死板，思维也不灵活；第三，大学生虽然有创业的灵感，却缺少创业的技能，因而这些灵感也只能昙花一现；第四，通过学习和教师的引导，大学生对创业有了一定的热情，却对社会缺乏全面的了解，导致其创业目标不明确。

针对这种情况，大学生必须不断通过自我训练来培养和提高创新能力。具体而言，可从以下几方面入手：

1. 提高创新技能

创新不是一种简单的"包装"现象，它体现的是一种更高层次的能力，需要各种基础能力作为保障，因此，大学生要想培养自己的创新能力，就必须具备很强的综合能力和综合素质，也就是说要具备一定的创新技能。创新技能是大学生智力技能、情感技能和动作技能的综合，它能有效地反映大学生的创新技能的高低，这就需要大学生不断提高自己的观察力、记忆力、实际操作能力和把握机遇的能力等基础能力，以便最终提高自己的创新能力。具体而言，大学生提高自己的创新技能可从以下几方面入手：第一，充分利用大学学习与生活中的自由时间进行独立思考和学习；第二，在大学生活中不断加强包括学习能力在内的各种能力的培养；第三，要充分利用大学这个人才云集的知识殿堂，从师长、同学身上汲取宝贵经验，提高学习的能力、接纳吸收新事物的能力。

2. 培养创新品格

创新品格是伴随着人的成长、发展所凝聚形成起来的品性和风格，能够在创新活动或创造学习过程中发挥内在推动力。因此，大学生可通过培养自己的创新品格来不断提高和培养自己的创新能力。具体来看，大学生培养自己的创新品格可从以下几方面入手：第一，不断培养自己在创新需要的刺激下的内在心理推动力，以便使自己不满足于已知，以探索未知为乐，把发现、创造看作自己应尽的职责，最终形成积极的创新动机；第二，自觉地确定目标，并根据目标调节和支配创造性的行动，克服困难的心理过程，以便使大学生形成顽强的意志和拼搏精神，最终形成坚强的品格；第三，不断增强自己对创新活动的喜、怒、哀、乐等的体验，以便通过不断加强的感情体验来加深大学生对客观事物的认识，最终形成丰富的创新情感；第四，自觉遵守在创造过程中必须遵守的一些道德行为准则，以便形成健康、科学的创新品德。

3. 进行创新思维训练

作为创新能力的核心，创新思维对个人创新能力的影响无疑是非常重要的，大学生善于运用创新思维，才能发挥他的创造潜能。因此，大学生可通过进行创新思维的训练来培养自己的创新能力。具体来看，大学生进行创新思维训练可从以下几方面入手：

（1）转化思维方式。正如"塞翁失马，焉知非福"这句谚语所描述的一样，世间万物都是有一定联系的，而这些互相联系的事物大多是可以转化的。因此，大学生在进行创新思维训练时，可通过转化思维方式来将直接转化为间接，将复杂转化为简单，将不可为转化为可为，从而提高自己的创新能力。

首先，将直接转化为间接。在现实生活中我们常常发现，要达到某一个目的地所走的路很少是笔直的，反倒是一些弯弯曲曲的路更多，也更容易将我们带到目的地。同理，在面对一些无法直接解决的问题时，我们可以通过一些间接的方法来圆满解决它。

其次，化复杂为简单。著名物理学家爱因斯坦曾说过："解决问题很简单时，上帝在回应。"这说明，在解决问题时，我们应努力从看似繁杂的问题环境寻找到尽量简单的方法。

最后，化不可为为可为。天下所有的事情都有可为和不可为之分，其中不可为有两种情况，一种是由于当事人的方法不当而办不到，另一种是由于受社会和历史的限制办不到。对于后一种我们显然是无能为力，但对于前一种，我们应努力拓宽思路，改变方法，争取化不可为为可为。在解决问题时，要鼓励学生努力找到各种方法，最终将不可为化为可为。

（2）改变思考顺序。我们在思考问题时，常常习惯于顺着想，这虽然能使我们较为便利地找到问题的切入点，也能帮助我们解决一些现实生活中存在的普遍问题，但客观现实毕竟是千变万化的，凡事都顺着想未必能真实地体现事物的原貌，展现事物的客观规律，因此，我们应学着改变思考顺序，以便从新的角度找出新的解决问题的方法。

由此可见，当我们思考一个问题时，若正向思考不能解决问题，则可试着逆向思考，站在问题的对立面，说不定这种思考顺序能将我们带入"柳暗花明又一村"的境界。

4. 增强创新意识

创新是真正意义上的超越，是一种敢为人先的胆识。它突破了原有传统固化的思维模式，使人在超越中获得发展，而其产生则是以创新意识为基础发展起来的。因此，大学生要想培养自己的创新能力，就必须增强自我的创新意识，在日常的学习、生活中大学生要敢于尝试新事物，解放思想，不断增强创新意识。

5. 建立健全合理的知识体系

从实践情况来看，一个人的创新意识可以在短时间内迅速增强，但一个人的创新能力的提高却需要一个循序渐进的过程，在此过程中，扎实健全的知识体系则是个人创新能力提高的基础和前提。一般情况下，掌握的专业理论知识越广博深厚，越有利于个人创新能力的培养。反之则不然，若一个人没有深厚的知识理论做支撑，去空谈创新能力的发展，无疑就成了无源之水，无本之木。学生要培养和提高自己的创新能力，就需要建立健全自身的知识体系。具体而言，可从以下几方面入手：第一，在课堂教学中积极主动地学好专业理论知识；第二，认真了解和关注本学科前沿的最新研究信息、动态及成果，努力扩展自身的知识面，拓宽视野；第三，依托一个专业，着眼于综合性较强的跨学科训练，了解交叉学科知识，以便在优化自身知识结构的同时，发展自己的特殊兴趣，使之能学有所长，以提高创新的积极性。

6. 参加创新课程

由于对创新的重视，一些高等院校开设了适应创新人才的需要和学生创新思维与技能提高需求的创新课程。这些课程大都是从某一学科如心理学、方法论等的角度来探讨有关创新能力培养的各种问题，并常常将一些创造性思维的规律很好地加以总结并有意识地传授给学生，从而帮助他们在创造发明的崎岖道路上逐渐从必然王国走向自由王国。因此，大学生应尽可能多地参加这些创新课程，主动获取丰富的信息，在实践中收获有关创新的一些知识，在这一过程中锻炼提高自己的创新能力。

第三节　端正学生的价值观

一、学生树立正确价值观的重要性

在全国高校思想政治工作会议上，习近平总书记围绕"培养什么人、怎样培养人、为谁培养人"这一教育根本问题做出重要讲话，提出培养社会主义事业合格建设者和可靠接班人，要切实提高大学生的思想水平、政治觉悟、道德品质和文化素养，努力把当代大学生培育成德才兼备、全面发展的人才。"知者行之始，行者知之成。"思想是行动的先导，价值观是个体思想通过复杂的辩证系统形成的具有逻辑批判的衡量工具，价值观对人的实践活动有非常重要的指导作用，树立正确的价值观，是走好人生之路的前提。

人生好比扣扣子，从一开始就要扣好。扣好人生第一粒扣子，方能走好人生第一步。大学是青年价值观形成的关键期，在这个时期树立正确的价值观，等于扣好了人生的第一粒扣子，青年是祖国的未来，民族的希望，大学生价值观的树立，不仅关系大学生的成长道路，更决定了社会的价值取向，关乎整个时代的价值观质量。学校作为思想政治教育的主要阵地之一，肩负着引领大学生积极、健康、向上价值观的重大使命，将正确价值观融入学生培养的全过程，对其成为"可爱、可信、可贵、可为"的有志青年具有重要指导意义。

二、树立学生正确价值观的影响因素

如今，00后已是大学校园的主体，相较于90后、80后，他们生活的年代不同，社会政治经济大背景不同，家庭结构也不同，大部分均为独生子女，因而受来自社会环境、学校教育和家庭等方面的影响，价值观与 90 后、80 后也有着本质的区别。

（一）社会环境因素

不同于以往任何一代，当代大学生是成长红利最丰厚的一代，他们开始全面享受较高的人均 GDP 和较低的人口出生率，以及丰富的物质和繁荣的文化产业，在这样经济快速发展和成长环境优越的社会背景下，青年期的大学生思想并不成熟，他们的价值观极其不稳定，大学生易陷入追求更加舒适和奢靡的生活，甚至相互攀比的不良风气中。据调查，大部分 00 后大学生的人均月生活费在 1500~2000 元之间，有些大学生月生活费在 2000 元以上。生活费主要用于生活、交际和个人形象，其中学习消费占比很少。社会环境决定了他们心理更早成熟，在社会功利氛围的影响下，他们崇尚利己观和享乐主义，抱着"不将就""不委屈自己"的观念，认为想要的东西就应该拥有，甚至不惜通过信用卡、网络贷款等方式，提前消费已经成为一种时尚。

另一方面，社会的发展导致网络发展和法律制度不健全的失衡，新媒体的良莠不齐致使大学生接收信息缺乏滤网。社会腐败问题、道德缺失、不良风气的恶意传播和西方霸权主义、日韩文化的侵蚀致使大学生产生了扭曲的核心价值观。部分大学生价值观变得从众化、片面化，即用主观性的想法去评判个人价值在社会中的现实意义。

（二）学校教育因素

在"互联网+教育"和全球贸易化的新时代，传统的授课模式，忽略学生差异，学生听，老师讲，灌输式的教学理念和方法使得大学生缺乏自主学习、踏实钻研的精神，过早地形成拿来主义的风气，不能满足大学生求实创新的发展要求。此外，还存在授课内容时效性差，教育力度不足等问题，为了争夺稀缺的有利资源，在社会中占有一席之地，大学生们逐渐形成了重视个人利益和发展的价值观。

（三）家庭因素

在计划生育政策的影响下，大部分 00 后学生享受着家庭中所有长辈独宠孩子一人的待遇，形成了很强的自我意识。由于缺乏同龄人间的相互关爱和沟通，所有获得他们都视为理所当然，遇到问题考虑自己为首要，缺乏责任感和感恩意识。家庭竭尽所能为其提供优厚的生活条件，物质生活得到极大满足的同时，造就了 00 后大学生极强的享乐主义与拜金主义价值观。这些都为大学生正确价值观的树立增加了阻力。

三、引导大学生树立正确价值观的途径

（一）加强师资建设

"桃李不言，下自成蹊"。要培养具有社会主义核心价值观的学生，就必须有一支政治强、业务精、作风正的教师队伍，因此，高等院校应该加强师资队伍建设。大学生的价值观培养，课堂是主要阵地，思政教师是主力军。所谓"打铁还须自身硬"，思政教师要把正确的价值观传授给学生，就要以社会主义核心价值观来武装自己。从学校层面邀请相关的教育专家进行专题讲座和理论培训，促使核心价值观的教育理论化、系统化。思政教师本人也要有提升自己理论素养的意识，通过培训和进修等方式方法扩充新知识，与时俱进，拓宽视野。除此以外，思政教师还应带领学校从学校走出去，参加人文社会实践，通过基层锻炼，进一步促进正确价值观的形成。另外，除了思政教师，学校党政干部、共青团干部、班主任（辅导员）以及学校各部门的教职工人员都同样承担着树立学生正确价值观的重要责任。同时，高等院校应注重师德师风建设，努力打造出一支德艺双馨的教师队伍。

（二）大力弘扬宣传

"随风潜入夜，润物细无声"。校园文化是思想宣传的主要方式，在掌握学生的思想现状和实际需要前提下，通过正确的宣传途径，使核心价值观在大学生心中内化，坚定理想信念、端正价值追求。宣传途径主要包括学报、校报、横幅、校园广播、教室墙面、走廊、黑板报、电子屏、校园网站、学校公众号等方式。此外，各学院还可以专门针对学院的师生建立以宣传社会主义核心价值观为核心的微信公众号平台或者开设官方微博，定期更新有关主题的文章，通过新媒体渠道对核心价值观进行全方位、多角度、新视野的宣传报道。此外，学校团部还可以组织举办相关主题的演讲比赛、征文活动、文艺演出、文化展览、名人展示、主题班会、校外实践，成立社团协会等方式让学生亲身参与到校园文化建设当中来，成为宣传弘扬核心价值观的代言人。最后，学校还应定期举办主题讲座或报告，通过正面知识宣传使每个大学生都能够深刻理解核心价值观，从而树立起正确的价值观。

（三）加强国学修养

"国学养正，毓德树人"。国学是中华民族根基的文化，是我国传统文化的精髓和核

心，国学教育是从民族角度出发，培养学生的爱国主义情怀。加强国学修养，促进大学生在国学知识潜移默化的影响中改变原有思维方式和习性，在国学的浸染中提升自身道德修养，从而树立正确的社会价值观。国学的主体内容和现代文明是一致的，如"四书""五经"等经典著作，蕴含着基本的行为道德标准和丰富的人生哲理；如孔子的"仁、义、礼、智、信"思想；如儒家推崇的"修身、齐家、治国、平天下"精神等是国学的精粹，也是当今社会塑造人格品质的道德要求。国学教育的意义在于能够有利于开展思想道德教育，加强国学修养，树立学习民族文化的自觉和自尊，深刻理解国学的内蕴，潜移默化为自己的生活准则，吸收于日常学习、生活、工作中，不仅提高内在修养，更能有效树立正确的价值观，为社会主义现代化建设创造无限社会价值。

当代大学生是青年中的优秀群体，是国家的生力军，是民族的未来和希望。在社会转型发展阶段，价值观的多元化趋势迫使大学生面临如何选择主导性价值观的困惑，因此，要把握时代特点，结合大学生的思想实际，聚焦加强中华民族精神培育的重点，引导当代大学生树立正确的价值观，并在实践中不断提炼和完善核心价值观。

第四节　促进学生的心理健康

大学生的心理健康问题不仅关系到大学生个人的学习、生活、工作和身心健康成长，关系到社会的发展与未来，也关系到中华民族素质的提高，理应引起全社会的重视。高校是为社会培养身心健康、全面发展的专业人才，应当采取积极措施，对大学生进行心理健康方面的指导和帮助，优化大学生心理素质。

一、明确大学生心理健康的标准

明确大学生心理健康的标准，可以使大学生有检验自身心理健康的尺度，也可以明确大学生心理健康努力的方向。对教师来讲，明确了心理健康的标准，将有助于更好地引导学生健康成长。根据国内外学者的研究以及我国大学生的心理实际，将大学生心理健康的具体标准概括如下：

（一）能保持正确的自我意识

衡量人格成熟与否的标准是自我意识，而人格的核心也是自我意识。古语说：人贵有自知之明。心理健康的学生一般都能客观评价自我，了解自己，既不妄自尊大，也不妄自菲薄而甘愿放弃可以发展的机会，同时自信乐观，悦纳自己，生活目标和理想切合实际，能够扬长避短，发挥自己潜能。相反，心理不健康的学生往往缺乏自知之明，或者自恃清高，唯我独尊，自以为是，目空一切；或者自暴自弃，自责自怨，自卑忧虑，陷入孤独的封闭状态。有的学生对自己十分苛刻，过分追求完美，要求过高但总也达不到，内心无法保持平衡，从而失去自信。

（二）能自觉调节和控制情绪

情绪影响人的健康，几乎涉及生活的各个方面，影响人的工作效率。心理健康的学生善于从平凡的生活中寻找乐趣，能经常保持愉快、开朗、乐观、满足的心情，对生活和未来充满希望。有时候也会有愤怒、焦虑、悲伤等不良情绪状态，但能自觉调节，适当地表达和控制情绪；相反，心理不健康的学生遇到一点小事就会情绪大起大落，常常喜怒无常，或长时间处于消极情绪状态而不能自拔。

（三）能保持对学习较浓厚的兴趣和求知欲

一般来说，智力正常是一个人正常生活学习最基本的条件。但已考上大学的大学生，智力不仅正常，而且一般都比较优秀。进入大学生活后主要内容和任务是学习。心理健康的学生往往求知欲强烈，珍惜学习机会，能在学习中努力克服各种困难，尽可能发挥自己的才智，使学习保持一定的效率，学习成绩比较稳定，不会大起大落。

（四）能保持良好的社会适应能力

导致心理障碍的一个重要原因是不能有效地处理与周围环境的关系。心理健康的学生能够面对现实和正视现实，主动适应环境，关心社会，接触社会，对社会现状有清晰正确的认识；当自己的需要和愿望与社会的要求相矛盾时，努力使自己的思想行为与社会协调一致，能修正自己的计划。相反，心理不健康的学生往往沉溺于个人的幻想之中，不敢正视社会现实，不敢面对挑战，逃避现实；或者把责任统统推给社会和他人，怨天尤人，甚至采取反社会的态度，从而无法适应社会生活。

（五）心理行为符合年龄特征

心理学研究发现，人在不同的年龄阶段有相对应的不同的心理行为表现。一个心理健康的人，他的认识、情感、言谈、举止符合其年龄特征。心理健康的大学生往往喜欢探索，精力充沛，勤学好问，反应敏捷。一个大学生如果成天紧锁双眉，唉声叹气，老气横秋，忧心忡忡，或者动不动就发脾气，喜怒无常，或者任何事都拿不定主意，依赖别人为自己做主，都属于偏离大学生年龄特征的不健康表现。

（六）能保持和谐的人际关系

和谐的人际关系是心理健康不可缺少的条件，而个体的心理健康状况主要是在与他人的交往中表现出来的。心理不健康的学生或者过于封闭内向，与集体和他人格格不入，独来独往；或者在与他人交往中，猜疑、不能谦让、嫉妒、敌视而不能为别人所接受；或者缺乏交往技能而不能建立良好的人际关系。而心理健康的学生乐于与他人交往，能用尊重、宽容、信任、理解等肯定态度与他人相处，能为他人所接受、理解，与集体保持协调的关系，能分享、接受和给予爱与友谊，能与他人同心协力，合作共事，乐于助人。

以上大学生心理健康的六条标准并不是固定不变的，更不是绝对的。这是因为大学生的心理丰富而复杂，不断变化和发展。这几条标准的提出，目的是为大学生提供一个标准，使学生能作为参考，分析衡量自己的心理状况，努力克服不健康的心理和行为，另外也为高校教师与德育工作者提供了分析和判断大学生心理健康的依据。

二、正确理解和运用大学生心理健康标准

正确理解和运用大学生心理健康标准应注意以下几个问题：

心理健康与不健康是一种连续状态，而不是泾渭分明的对立面。在许多情况下，正常心理与异常心理，常态心理与变态心理之间没有绝对的界限，只有程度的差异，这是因为从良好的心理健康到严重的心理疾病之间存在一个广阔的过渡带。

心理健康的状态是动态变化的过程，而不是固定不变的。随着人的成长，环境的改变，经验的积累，心理健康状况也会有所改变。心理健康的标准是一种理想尺度，这不仅为我们提供了衡量一个人是否健康的标准，也为我们指明了提高心理健康水平的努力方向。所以说每一个人在自己现有的基础上做不同程度的努力，发挥自身的潜能，都可以追求心理发展的高层次。

能够有效进行工作、学习和生活是大学生心理健康的基本标准，如果正常的学习、工作、生活难以维持，应该及时调整。心理不健康是指一种持续的不良状态，所以偶尔出现些不健康的心理和行为并不等于心理不健康，更不等于已患心理疾病。因为一个人是否心理健康与是否有不健康的心理和行为表现不能等同，所以不能仅从一时一事而简单地给自己或他人下心理不健康的结论。

三、加强大学生心理健康教育

大学生心理健康教育的形式往往是丰富多样的，可以通过系统地学习知识，也可以通过日常的生活、学习、交往获得。通过系统的课程教学及课外生活学习指导，可以使学生认识心理健康的重要性，了解人的智力因素、非智力因素、情绪意志、个性特征及变化发展规律，学会处理协调各方面关系的能力，学会与人交往的基本技能和态度，掌握心理调适的方法，这是保持心理健康的基本途径。

对全体教职员工进行心理健康教育。严格地讲，教师的心理健康对学生的影响更大。对教师进行心理健康教育，注重提高教师心理健康水平，是为学生成长提供良好环境的重要举措。一方面会直接影响教师本人的工作、事业、生活与健康，另一方面，会直接影响学生。假若教师心理不健康，情绪不稳定，人格不健全，心境不愉快，将会影响人格尚未定型的学生。所以说，教师的心理健康状况甚至比他的专业知识更重要。

高校应系统地开设心理健康教育课程或相关课程，定期举办专题讲座。比如通过开设必修课、任选课、限选课等方式，以课堂讲授为主，系统地传授心理健康的知识以及心理学的知识。如"大学生心理学""性心理学""青年心理健康""社会心理学""人格心理学"等。另外专题讲座可以根据学生共有的心理问题，选择适当时机举办专题报告。如新生入学时，可以举办"环境适应与角色改变""从中学到大学的心理适应"等专题报告或讲座；学生考试期间，可以举办"紧张与焦虑的消解""考试的心理卫生"等方面的报告；毕业生离校前，像"自信地迈向新生活""走上社会必备的心理准备"之类的报告就很有必要。这类讲座的对象明确，针对性强，一般较受大学生不同层面需求的欢迎。

积极通过校内传播手段来普及心理健康知识。充分利用板报、校刊、广播等手段造声势、扩影响，增加心理健康的知识，提高大学生心理健康意识；也可以通过"心理健康宣传周""心理卫生日"等活动，集中强化心理健康知识的宣传，解答学生生活中的困惑和问题。

四、培养大学生良好的人格品质

对大学生自身来讲，注意培养锻炼自己良好的人格品质是保持心理健康的一个重要的途径。在整个环境中，致病因素大量存在，预防心理疾病关键是增强自身的免疫能力。在以往的教育中常常重视身体素质和知识的培养，忽视了对心理素质的培养，因而使许多学生的人格缺陷未能及时发现并改善，成为心理障碍形成的内在因素。因此，对进入青年期的大学生来说，能发挥自己的主观能动性，并自觉主动地优化自己的人格品质，不仅是必要的而且是可能的。

（一） 正确认识自我，培养悦纳自我的态度

心理学研究表明：自卑感过重的人或自我过于夸大的人，常会感到紧张焦虑而导致心理问题产生，而凡是对自己的认识和评价与本人实际情况越接近，表现自我防御行为就越少，社会适应能力就越强。因此，大学生应当深入了解自己，充满自信，正确评价自己，不苛求自己，不求十全十美，不为自己存在的缺点和不足而沮丧，不以己之短来比人之长，也不以己之长而比人之短，定目标尽可能符合自己的实际情况。如果定的目标过高会备感压力，难以实现；目标过低会轻易取胜，易滋长自负心理。因此，大学生客观的自我评价、接纳自我的态度对于促进心理健康是至关重要的。

（二） 树立正确的人生观与世界观

人之所以是万物之灵，是因为人所独有的极其复杂、丰富的内心世界，而它的核心就是一个人的人生观和价值观。如果有了正确的人生观和价值观，就能对人生、对社会有正确的认识，并采取适当的态度和行为，就能使人站得高，看得远，并正确地体察和分析客观事物，做到冷静而稳妥地处理事情，同时心胸开阔，保持乐观的态度，保持心理健康，提高挫折承受能力。大学阶段是大学生的人生观、价值观的定型阶段，应该自觉学习，努力提高，确立科学的人生观和价值观。

（三） 自觉地调控情绪

研究发现，情绪对人的心理健康影响很大。情绪可分为两类：积极的情绪与不良的情绪。要保持积极健康的情绪，必须学会疏导不良情绪，而情绪调节的方法有多种，比如合理宣泄、转移、升华等。当代大学生应该做情绪的主人，根据不同的情绪，采取不同的调节方法，宣泄、疏导、克服不良的情绪，使消极的情绪对身心的伤害减至最小程度。

（四） 提高对挫折的承受能力

古语说。人生逆境，十有八九。只要是人，在人生的道路上都会遇到大大小小的挫折。挫折就像一块石头，就像巴尔扎克所说的，对于怕他的人是一块绊脚石，对于心理健康的人是一块垫脚石，不为眼前的困难所吓倒，让人看得更高更远。学习上的困难、与同学间的摩擦、爱情上的失意等都可能会给大学生活带来挫折感。有了对挫折的心理准备，保持心理平衡，就可能在挫折面前应付自如。

挫折承受能力的高低与一个人的思想境界、过去的挫折体验、对挫折的主观判断、有无支持系统等因素有关。培养挫折承受能力就应该努力提高自己的思想境界，凡事从大局出发，拥有良好的社会支持系统，建立和谐的人际关系。

（五）科学地对待心理疾病

人的心理、精神状态也和人的身体状态一样，可以保持正常状态，也可能出现异常、障碍和疾病。人们对躯体疾病和生理障碍一般都容易接受，并主动求医救治，但是，对精神疾病和心理障碍却不甚了解。有一些大学生存在着不同程度、不同类型的心理障碍或精神疾病，在日常学习和生活中饱受痛苦，不当一回事，不知道求得专业心理治疗或咨询机构的帮助。因此，确立对待心理疾病应有的科学态度，了解心理疾病，是维护心理健康的重要内容。

（六）培养健康的生活方式

近年来，人们越来越关注生活方式对生活健康的影响。生活没有规律，随心所欲，或者一头扎到学习中，对其他的事漠不关心，这些都不是健康的生活方式。

第五节 增进学生的体育体能

健康的体魄是青少年为祖国和人民服务的基础前提，是中华民族旺盛生命力的体现。学校体育起着承前启后的"桥梁"作用，是建立体育意识的关键时期，是学校体育与社会体育的衔接点。在体育理论教学中，要使学生掌握科学锻炼身体的方法，为终身体育锻炼打下基础。只有这样，才能适应社会的竞争，适应现代化科技向人的体能的挑战。下面就增进学生体育体能的具体措施加以介绍。

一、增进个性化体育教育策略

在相当长的一段时间内，中国的教育，由于受传统教育的影响，以及教育自身存在的问题，总是重视群体利益而忽视个体利益，基本否定了个性教育。在体育教育领域同样存在此类问题，长期以来，中国高校体育教学在价值取向上存在偏差，较多注重和突出社会需要，较少强调和提倡个体需要，这种以社会价值为统摄与驱动的高校体育，虽然具有自身的优越性，但对培养生动、活泼、自由、民主的学风具有客观的阻碍作用。在这种价值观的统摄下，高校体育教学存在严重的模式化倾向。在教育过程中过分强化"教"的统一要求——统一的教学大纲、统一的课程内容、统一的评价方法等来塑造统一规格的人才，致使学生缺乏个性风采。所以，高校体育教学必然由模式化转向个性化。

（一）高校个性化体育教学的理论依据

高校教育的个性化有其深远的历史背景和现实意义。马克思主义关于人的全面发展理论是确立高校个性化体育教学的理论依据。人的个性发展与人的发展密不可分，两者是部分与整体的关系。只有分析人的发展的各种关系，才能辨明个性发展的诸多因素。马克思主义首先摒弃了以往从"抽象的人"出发来阐释人的发展的理论，代之以从"现实的人"出发，对人的本质进行现实的、科学的揭示；其次，在处理人的发展与社会发展的关系时，强调两者是辩证统一的关系，作为一个全面发展的人，必须是社会化与个体化相统一的人；再次，马克思在此强调的是"自由"与"发展"，这种发展不是无差别的发展，而是每个人个性的自由发展。马克思认为：人的个性的全面发展与社会的进步是一致的。人们的社会历史始终是他们个性发展的历史。在唯物史观的基础上探索人类如何从自在走向自为始终是他们关注的重点。这些都是从对人类自身发展的深切关心而产生出伟大的改造社会的构思。这些理论对进一步分析人的个性中的主体性，提供了辩证的分析方法和基础。

1. 从世界教育的趋势来看

强调个性发展是当今世界教育的共同趋势。应培养人的自我生存能力，促进人的个性的全面和谐发展，并将其作为当代教育的宗旨。近10年来，各国在面向21世纪的教改战略中都提出了个性化问题。日本在20世纪80年代中期进行了百余年来规模最大的一次教育改革，改革直接指向其僵硬的教育制度以及过分强调教育顺应社会的变化，而忽视个性和自由等弊端，将"重视个性的原则"作为今后教育改革的首要的、贯穿所有环节的基本原则。20世纪80年代后半期，苏联的一些教育家倡行合作"教育学"，主张"个性民主化"，认为教育的目的就是培养鲜明的、刚强的、创新的，为崇高理想所鼓舞而热情奋发的人。由此可见，重视培养学生的个性已成为历史发展的显著趋势。因此，不论人们意识到或承认与否，个性化是社会历史发展到一定阶段后对高等教育的必然要求。

2. 从素质教育的含义来看

从"素质教育"提出的背景看，它是针对"应试教育"的弊端，片面追求升学率导致学业负担过重，损害了学生身心健康——而提出的一种概念。素质教育是着眼于受教育者及社会长远发展的要求，以面向全体学生、全面提高学生的基本素质为宗旨，以注重培养受教育者的实践能力、创新能力，促进他们在德智体美等诸方面生动、活泼、主动的发展为基本特征的教育。素质教育的核心是"个性发展"，是将传统的社会本位转交为个人本位发展的一种教育思想。素质教育强调"个性发展"概念是：既承认人与人之间的基本素质是相同的和相近的，又承认人与人之间不同的发展方向，不同的发展层次水平以及个体的不同心理特征之间存在着差异。所以，体育教学必须满足每个学生的"教育需求、身体需求、情感需求"，以求得每个学生身心和谐的发展。

3. 从现代教学论来看

现代教学论发展的趋势之一是强调个性培养，增强创新意识。个性化教育是着眼于充分发展人的个性而实现的教育。它针对人的个性差异，通过一系列的训练和培养，使其得到充分发展。学生的禀赋、爱好、才能和特长是各不相同的，要让他们有充分施展的机会，为他们的"表现"提供良好的条件。只有每个学生的个性得到充分发展，才能给集体带来独特的东西，从而使集体生活丰富、活跃起来。

（二）个性化体育的内涵分析

作为个性化体育研究起点的个性是：学生在体育活动中经常表现出来的、比较稳定的、带有一定倾向性的个性心理特征的总和，是一个人所以有别于他人的具有自己个人独特的体育行为、思想等精神面貌的总的体现，它包括体育个体倾向性（需要、兴趣等）和个性心理特征（性格、能力等）。

个性化体育是相对于划一性、模式化体育而言的。所谓个性化体育是人性化、个人化（考虑个人的身心特点、考虑个人的天赋、特长、兴趣、爱好、志向等）、特色化（有个性特色的培养目标、课程体系、教学内容）、和谐化（个性与共性的融洽）的教育。这种教育顺应了人的内在发展要求，顺应了体育的内在规律，顺应了时代对人、对体育的必然要求。

提倡个性化体育，并不意味着高校体育必然脱离社会需要，而是指在社会需要和个体需要两者统合的基础上着重选择。这种选择是在特定地区、特定时间、特定条件下，针对时弊做出的调整。在面向 21 世纪的体育教改方案中，西方国家较少强调个性化问题，并非他们不需要，而是他们的文化已经是以个体为基础的；东方国家将个性化思想置于醒目的地位，是因为缺少这种思想的应有地位。在现实中，中国高校体育存在着忽略个性教育的问题。一个社会中广泛呼吁的东西往往是这个社会最缺少的东西。正确的选择当然是"反者，道之动"。据此，大力提倡个性化思想，大胆进行个性化教育实践，是校正偏差之举。

（三） 实施高校个性化体育的具体思路

社会主义教育是要使得人的个性得到全面发展，高校体育要努力促进学生人格的完善和综合素质的提高，实践中要重视学生个性的发展，其具体思路如下：

1. 设定"合格加特色"的教学培养目标

促进大学生体育个性发展的首要因素，在于学校所设定的培养目标。它是大学生体育个性发展的指南针，导向如何，直接规定着学生的成长趋势。培养目标同时受社会发展水平及大学生的身心发展规律和学科功能特点的多重制约。据此，应把"合格加特色"作为当前中国高校体育培养目标构成中的主体思想。"合格"包含两层含义：一是大学生应具备的高校体育层次所要求的体育文化素养；二是大学生应达到高校体育教学目标的基本要求。"特色"可从两方面理解：一是体现个体与个体的差异，鼓励每个学生发挥自身的特长优势；二是满足学生特殊需要，即考虑其所学专业和未来职业的需要，使他们掌握一定的职业实用性运动技能与技巧，培养未来职业所需的一般运动素质和特殊运动素质。以"合格加特色"为主体思想构成的培养目标，既能吻合社会需要和学生的基本要求，又能给大学生充分发展个性优势的空间。这一目标思想是坚持个人发展需要与社会发展需要的辩证统一价值观的体现。它是一般发展与特殊发展的统一，是共同发展与差异发展的统一。

2. 建构适应学生个性发展的体育课程体系

模式化体育在课程设置方面的主要弊端是内容偏于狭窄，结构趋向单一，形式过于保守，很不利于学生的体育个性发展。个性化的体育思想要求建构新的课程体系。由于人是社会的产物，个人的拓展是在社会和集体中实现的，所以人的个性必须以社会为依托，并归属于一定的社会关系和社会文化之中。因此，构建适应学生个性发展的课程内容和体育课程结构，不能偏离社会需要。体育课程结构应根据学生的自身发展和社会需要，体现多元化的结构特征。多元化课程结构体系是：集体教学与扎实基础学科课程；分类指导与寻求个性、特长发展的活动课程；体育养成教育的隐性课程。学科课主要侧重于传授体育文化，即以体育学科的系统知识、技术原理为目标；为培养学生体育能力打下坚实的基础。课的类型以基础课和选项课为主。基础课选用以全面发展身体练习为主的教材；选项课是根据学生自己的爱好和基础而选项设置的，以提高学生某项目的运动技术与技能为目标。活动课程主要使学生在活动的主体意识、行为能力、情感态度方面得到发展，课程内容主要是以学生的心理水平、学习兴趣、体育特长和个性社会生活为基础而设计的内容。隐性课程是在没有教师的指导下，让学生运用所掌握的运动技能，独立从事体育运动和锻炼身体，培养学生的体育意识、自我学习和自我锻炼的能力。

3. 适应学生个体差异发展的多元化教学组织形式

课程结构的多元化，学生个体差异的多样性，决定了学校教学组织形式多样性和灵活性。多层次教学组织形式是较理想的一种模式，该模式的特点是，充分考虑到学生存在的个体差异，区别对待进行教学，有针对性地加强不同类型学生的学习指导，使每个学生都能最优发展。从操作角度表述，多层次教学是以集体教学、小组教学、个别教学为主线，配合分层教学、分层要求、分层推进积分类指导、分类推进的教学组织模式。分层教学、分层要求、分层推进主要在基础课和选项课教学中进行。基础课分层教学，一是教学内容要有层次性，二是练习负荷要有层次性。选项课主要依据学生的学习能力分层教学。一般分为两个层次或三个层次，学生依据自己的基础和水平，自愿选择参加的层次。分类指导、分类推进以活动课程为主要途径实施。教师依据学生对活动课的选择对其个性、爱好和特长进行分类指导。

4. 建构多元化的教学模式

课程形式、内容的多样性和学生的差异性以及教师的不同水平，决定了教学模式不可能是单一的，没有一种教学模式是为适应所有的学习类型和学习风格而设计的。遗憾的是，教学模式的多样性在中国高校体育教学中缺乏表现。至今在教学中占统治地位的仍是教导式的教学模式，个性化的体育教学要求人们改变这种局面，实现教学模式的多样化。多样化要求，不仅应贯穿不同的课程的教学过程中，也应贯穿统一课程、课堂、学生班级以至于统一对象的教学过程，是因课制宜，因时制宜，因事制宜，因人制宜。高校体育教学模式的构建，显然要取决于后者。多样化的教学模式是促进大学生体育个性发展的关键因素。

5. 优化学校环境，形成良好学风

教育总是在一定的时间、一定的地点，通过一定的社会成员，采用一定的方式方法来实现的，这些实施要素便构成了施教环境。因为大学体育本身是人们有意识地自觉进行的社会实践活动，因而它的施教环境也是人们自觉制造和主动治理的结果。大学就像一个摇篮，不同的摇篮孕育着不同的后代，一方水土养一方人，独特的学校环境潜移默化塑造着其中的每一个受教育者。为实施个性化的体育，高校体育在观念上不可避免地还要进行一系列改革。就体育环境的创设而言，可着力于硬环境和软环境两大方面，重在将封闭式教育转化为开放式教育，为学生提供丰富的教学内容、开放的教学空间、教学时间，在教学模式和教学方法上更灵活；在软环境方面，重在形成一种有利于提高大学生体育文化的素养的氛围，注意隐性课程的潜在影响，建立健全校内各体育协会和俱乐部，充分发挥其作用，有系统地组织一些丰富多彩的健身、竞赛等活动。加大高校体育的宣传力度，充分发挥广播站、电教室、宣传栏的作用，形成宣传网络。优化体育教学环境，能够形成良好的学习气氛。

高校体育十几年的改革成效卓著。然而人们必须看到，现行的机械培养模式已成为高校体育进一步发展的阻碍。根据社会发展、体育发展自身的需要，以及当今世界教育改革的趋势，高校体育应通过各种途径加强对大学生的个性培养。高校体育在实施个性教育中，应以体育课程改革、教学模式改革和教学方法、组织形式的改革为重点，以创造优良的体育环境为必要条件，才能加快个性化培养的进程。然而，个性化体育的课程与教学在中国学校体育中没有优良的传统与坚实的基础，它的理论与实践还有待于体育教学工作者潜心研究。

二、增进学校体育管理工作改革

体育工作是学校教育工作的重要组成部分。在"应试教育"向素质教育转变的今天，如何提高学校体育工作的管理水平，将直接影响到新时期党的教育方针能否得到全面贯彻执行①。因此，加强学校体育工作的管理，是全面贯彻党的教育方针的需要，是"应试教育"向"素质教育"转变的需要，是培养21世纪复合型人才的需要。要使体育在学校教育中发挥更大的作用，首先要建立一个强有力的领导班子，其次要建立一个科学的评价体系；同时还要建立一个团结向上的体育教研组来加强学校体育工作管理与开展教科研活动。

（一）建立强有力的领导组织

体育要在学校工作中发挥更大的作用，必须有一个有权威，能领导、指挥、协调学校体育工作的领导小组。由体育工作领导小组来健全管理制度，构建管理网络，加强运行管理，做好环环落实。学校体育工作领导小组成员，在主管校长的统一领导下行使体育管理职责。使管理人员在其位、管其事、谋其政。对管理工作成绩显著者给予表扬和奖励，奖勤罚懒，实行干好干坏不一样的奖惩制度，充分调动每个管理人员的积极性，使学校体育管理形成科学合理的管理网络。校长是学校工作主要领导者和组织者，统筹协调学校体育工作。学校各级管理部门中教导处是学校工作的主要职能部门，参与体育管理全过程，是管理的主要角色和实施者。学校工会、团委、总务部门、体育教研组、年级组是学校体育

---

① 陈炜等：《体育教学与模式创新》，光明日报出版社2016年版。

工作管理群体，它们从不同的角度、层面，充实、丰富、调整学校体育管理，从而使管理更加贴近学校实际，更加符合客观规律。在体育工作领导小组协调下使各部门之间相互沟通、相互协调、综合平衡，系统全面地搞好学校体育工作。加强学校体育管理最终目的是面向全体学生，全面提高学生素质，提倡教育自主性，这也是素质教育的基本点。

（二）构建科学的管理评估体系

中华人民共和国国务院批准颁布的《学校体育工作条例》是规范学校体育工作的重要行政法规。为了加强法规检查，促进学校贯彻落实《学校体育工作条例》，推动基层学校体育的开展，全面推进素质教育的实施。1997 年 3 月上海市教育委员会为贯彻《学校体育工作条例》适应教育转轨，加强学校体育工作的质量和效益，根据上海地区的特点和学校体育工作实际情况，制定了《上海市实施学校体育工作条例评估标准》试行稿。1998年国家教委根据条例制定了《普通中小学和中等职业学校落实学校体育工作条例》检查评估细则，并于 1998 年 3 月 20 日下发通知，就检查工作做出七项规定（见《中国学校体育》1998 第 4 期）。从原国家教委、上海市教委、浦东新区教育处所发的一系列评估细则可看出，学校体育工作不是一门单一的学科。它是党的全面发展教育方针中的"一育"，较其他学科的工作所涉及的更为量多面广。如何提高学校体育工作的管理水平是衡量学校"转变教育"成败的一个重要方面，也是各级领导极为关注的问题。因此，建立一个科学的学校体育工作评估体系是解决这个问题的有效手段。

在评估活动中根据评估对象的目的、按类别、逐层次地建立一系列具体量化评估指标，用以系统客观地反映被评对象的全貌，使学校体育管理工作由虚变实，由软变硬。既便于操作，又便于检验。其基本内容应包括组织领导、规章制度、体育教学、群体活动、课余训练、体育竞赛、群体效果、设备经典、器材管理等，力求提高体育管理的科学性、预见性和准确性，把学校体育工作逐步纳入科学化、制度化、规范化的管理轨道。科学的评估对学校体育工作具有导向性。它可以帮助各级管理层了解学校体育工作情况，便于决策和指导，提高管理水平。另外，通过评估可以将有关信息及时反馈给各级管理人员，便于领导做出科学决策。除此之外，通过评估还可以与兄弟学校、其他组织进行横向比较，有利于相互学习，共同提高。

（三）建立团结向上的体育教研组

学校体育教研组是学校体育工作的主力军。搞好学校体育教研组建设关键要加强对体育教师队伍的管理、规章制度的建立和精神文明建设。全面提高体育教师队伍的自身素质、敬业精神和师德修养。

1. 教师队伍管理。体育教研组长首先应具备较高的思想政治觉悟，热爱党的教育事业。有民主作风，有较高威信，办事公道，事业心强，有奉献精神，有较高教科研水平，这样才能带领出一个团结奋斗、积极向上的体育教研组。其次，对体育教师的管理主要是对体育教师教育教学工作的安排、指导和检查，使其尽职尽责，同时要帮助体育教师不断提高教育教学素养和能力。其中包括"德"（高尚的师德、强烈的事业心、埋头苦干的作风、虚心好学的求知欲），"识"（具有教师所具备的一般知识，体育教育基础知识、专业知识等），"能"（较强的体育教育教学能力、语言表达能力、动作示范能力、组织评价能力）；"体"（强壮的体魄、朝气蓬勃的气质、开朗热情的性格），使他们成为具有远大理想和奉献精神的合格称职的优秀体育教师。

2. 规章制度的建立。建立完善的规章制度能够把体育教研组建设纳入正常的轨道，使体育教研组的工作有条不紊地顺利进行。体育教研组建立岗位责任制，能使每个体育教师职责分明；建立固定的学习制度，能提高教师的政治素养；建立定期教研活动，能提高教师教学业务能力；建立体育数据资料的保存制度，便于开展教研活动；建立相互间的听课制度，有利于取长补短。总之，建立合理完善的规章制度不仅是科学管理的需要，同时也是一种再教育的手段。它对培养体育教师的组织性、纪律性有积极的促进作用，并能使体育教研组的建设有章可循，有法可依。

3. 精神文明建设。精神文明建设是体育教研组建设的一个重要方面。它是一种精神力量，在一定条件下能产生巨大的效能，学校体育工作需要全体教师的共同努力才能完成。因此，团结每一位教师，发挥每一位教师的工作热情是精神文明建设的首要问题。锐意进取、勇于开拓的精神是开创素质教育新局面的需要。埋头苦干、吃苦耐劳、任劳任怨的实干精神是（脑力劳动中的体力工作者）体育教师的优良品质。同时，精神文明建设是一个长期的过程，人们必须从身边的每一件小事做起，日积月累，潜移默化，养成高尚的师德，把体育教师研建设成为精神文明教研组。

加强学校体育工作管理和体育教研组建设对学生的体质、学生的精神面貌、学生的组织纪律性和学校良好校风的形成具有决定作用。所以，学校体育管理在当前形势下必须与素质教育相匹配，他将采用系统和动态的方法、环境和目标的方法、结构和功能的方法、心理和行为教育的方法，并使这些方法形成一个综合体系，构成学校体育管理、体育教研组建设新模式。

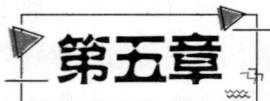

第五章 学校管理工作的规划与发展

任何组织都需要管理，学校也不例外。不过，学校的管理有其独特性，管理者要根据学校的特殊性质正确做好管理工作的规划，才能使学校管理工作顺利开展、有效推进。本章主要内容有学校管理工作的理论基础与环境因素、学校管理工作的领导体系建设、学校组织运营管理的策略创新、学校管理工作的理念与文化营建、学校管理工作的优化创新。

第一节 学校管理工作的理论基础与环境因素

一、学校管理工作的理论基础

（一）管理工作的主要职能

所谓管理，是指管理者为了有效地实现组织目标、个人发展和社会责任，运用管理职能进行协调的过程。管理职能是管理者在实施管理中所体现出的具体作用及实施程序或过程，它回答的是管理"干什么"和"怎么干"的问题。可以将管理的职能分为计划、组织、领导、控制和创新。

1. 计划职能，是指管理者为实现组织目标对工作所进行的预先筹划活动。它包括调查与预测、制定目标、选择活动方式等一系列工作，其主要表现形式为方案和计划书。任何管理者都有计划职能，高层需要制订战略计划，基层需要制订战术计划。计划职能是管理者的首要职能。从管理过程的角度看，计划是整个管理周期的起始环节，其重要性不言而喻。

2. 组织职能，是指管理者为实现组织目标而建立与协调组织结构的工作过程。它一般包括：设计与建立组织结构，合理分配职权与职责，选拔与配置人员，推进组织的协调与变革等。组织职能常常通过组织系统图和工作说明书体现出来。在现代社会，几乎任何管理活动都必须依托一定的组织来进行，因此，组织职能被视为管理的根本职能。

3. 领导职能，是指管理者指挥、激励下级，以有效实现组织目标的行为。它一般包括：选择正确的领导方式，运用权威、实施指挥，进行有效沟通，激励下级、调动其积极性等。领导职能是通过领导者与被领导者的互动表现出来的。领导主要处理的是人的问题，因此，管理学家一般都认同领导是管理活动中一种高层次的职能。

4. 控制职能，是指管理者为保证实际工作与目标一致而进行的活动。它包括制定标准、衡量工作、纠正出现的偏差等一系列工作过程，通过对计划执行情况的信息反馈和纠正措施表现出来。没有控制，就没有管理。因此，控制是管理活动必不可少的职能。

5. 创新职能，是指管理者为适应环境的变化，对计划、组织、领导、控制等职能进行变革，以更有效的方式整合组织内、外资源去实现组织目标的活动。因此，必须给予创新更多的关注。一般而言，创新职能并没有特定的表现形式，它总是在其他管理职能的所有活动中来表现自身的存在与价值。从管理的动态角度来看，创新职能在管理循环中处于轴心的地位，成为推动管理活动的原动力。

（二）管理者的角色划分

所谓管理者，指的是掌握一定职权、拥有下属、从事管理工作的人。管理者在人际关系、信息传递和决策制定三大方面扮演着 10 种不同的角色，见表 5-1[①]。

表 5-1　管理者的角色

角色	描述	特征活动
人际关系方面		
1. 挂名首脑	象征性的首脑，必须履行许多法律性的或社会性的例行义务	迎接来访者，签署法律文件
2. 领导者	负责激励和动员下属，负责人员配备、培训和交往	从事所有下级参与的活动
3. 联络者	维护自行发展起来的外部接触和联系网络，向人们提供恩惠和信息	发感谢信，从事外部委员会工作，从事其他有外部人员参加的活动

---

① 郭继东：《学校组织与管理》，华东师范大学出版社 2012 年版。

角　色	描　述	特征活动
信息传递方面		
4. 监听者	寻求和获取各种特定的信息（其中许多是即时的），以便透彻地了解组织与环境；作为组织内部和外部信息的神经中枢	阅读期刊和报告，保持私人接触
5. 传播者	将从外部人员和下级那里获得的信息传递给组织的其他成员——有些是关于事实的信息，有些是解释和综合组织的有影响的人物的各种价值观点	举行信息交流会，用打电话的方式传达信息
6. 发言人	向外界发布有关组织的计划、政策、行动、结果等信息；作为组织所在产业方面的专家	举行董事会议，向媒体发布信息
决策制定方面		
7. 企业家	寻求组织和环境中的机会，制订"改进方案"以发起变革，监督某些方案的策划	制定战略，检查会议决议执行情况，开发新项目
8. 混乱驾驭者	当组织面临重大的、意外的动乱时，负责采取补救行动	制定战略，检查陷入混乱和危机的事件
9. 资源分配者	负责分配组织的各种资源——事实上是批准所有重要的组织决策	调度、询问、授权，从事涉及预算的各种活动和安排下级的工作
10. 谈判者	在主要的谈判中作为组织的代表	参与工会工作，进行合同谈判

（三）学校管理工作及其主要特征

任何组织都需要管理，学校也不例外。不过，学校的管理有其独特性，管理者只有把握住其特征，才能使学校管理顺利开展，有效推进。

1. 学校管理的概念界定

关于"学校管理"的概念，学者们众说纷纭。众多研究人员都给它下过定义，概括起来大致有以下三类界说：

第一，外延界定类。具体包括广义狭义说、工作构成说、要素构成说、层次构成说等，这类观点主要对学校管理的外延进行了分析，致力于解决学校管理"包括什么"或"涵盖什么"，而不是学校管理"指称什么"的问题。因此，此类定义对廓清学校管理的边界有一定的帮助，但未能向人们提供确切的关于概念实质方面的信息。

第二，归属差异类。具体包括组织活动说、职能活动说、活动过程说、工作过程说、行为方式说、综合策略说等，这类观点往往将学校管理概念归属于一个较大的上位概念（如管理），在与其他管理活动的比较中揭示学校管理的本质特点。此类定义涉及了学校管理的内涵，但它更侧重于回答学校管理"属于什么"的问题，对差异性的分析不够深入。

第三，申明宗旨类。具体包括目的说、任务说、服务说、效益说等，这类定义是通过引出学校管理的宗旨来说明"为了什么"或者说"追求什么"的问题。它们对该项工作的意向做出一定的阐释，但也没有形成本质意义上的学校管理定义。

以上各种观点虽各有欠缺，但从不同角度为人们认识学校管理的内涵与外延提供了思路。在此基础上，学校管理作为管理的一种形式，是学校中的管理人员在一定的体制约束下，根据一定的原则、法规，运用一定的方法、技术，通过组织指导师生员工，高效地开展教育教学等工作，为最终达到学校培养目标而进行的活动。

就内涵而言，学校管理是以育人为导向的，以计划、组织、领导、控制等为手段的系统性的工作。学校管理的所有努力都指向人才的培养，服务于多出人才、出好人才的终极目标。就外延来说，学校管理是以学校组织及其机构人员为对象的，不同于教育行政将整个教育事业作为管理对象。

2. 学校管理的主要特征

对于一个特定领域的管理工作，不可避免地要回答它的特殊性所在。在这个问题上，西方学者之间是有不同看法的。有人持"普遍论"观点，认为学校与其他具有成员共享目标的组织，如医院、商业机构和政府部门有许多共同之处，批评那种主张每类组织都具有自己特殊性的观点是站不住脚的；有人则持"特殊论"观点，认为管理理论与实践的发展主要与工商业活动相联系，而工商业活动与教育机构的活动是截然不同的。

有的学者还罗列了学校管理的特殊点：①与商业组织的目标相比，教育组织的目标非常难以限定。②很难衡量教育组织的目标是否达到，不像企业可以用利润、产量等指标清晰地测评。③在各类教育机构中，教师大都具有相同的职业背景，在教学过程中要求有一个专业自治的范围，这与企业中管理者与员工的关系不同。④教师与学生的接触是经常的、深入的、长期的，而且学生很少有机会选择教师，这既不同于企业又不同于医院等以其他专业为主的组织。⑤教育组织的管理结构具有断层的特点。在校外，政府、家长等会对学校的决策造成压力；在校内，教师、学生又会对决策产生影响。⑥在学校（特别是在中小学）中，许多具有管理职务的人几乎没有时间从事管理工作。

在中国，研究人员大多倾向于"特殊论"，认为学校管理的特殊性在于：①综合性。

学校的任务是培养德智体全面发展的人，这种"产品"加工的过程、特性和质量标准都带有综合的性质。这就决定了实现各部分管理职能以及检验其成效的手段和方式，都不能采取单一的技术性手段。例如，教育质量不能简单地用升学率来衡量。②教育性。学校本身是一个育人的场所，各种因素都会对学生产生潜移默化的影响。所以，在学校管理中，不论对人、对事、对物，都要估计到它对学生的教育作用，不能简单地处罚了事，要让学生从中受到教益。③低可比性。由于学校中教育教学工作的可变量大，劳动组织程度低，教师劳动的创造性强，个性特征、个人风格十分明显，使得学校管理活动的定型化、标准化、系列化的要求与企业的管理有着本质的区别。

学校管理有着与其他管理活动的共通之处。从历史发展的线索看，企业管理对学校管理产生了重大而深刻的影响，企业管理理论的每一次变革都带动着学校管理理论向前迈进一步。但是，学校管理与其他管理的区别是客观存在的，这提醒学校管理的理论研究者和实际工作者在借鉴企业管理原理与方法的同时，要针对学校的特征加以改造，并努力构建符合学校特性的管理体系。

二、学校管理工作的环境因素

（一）学校是一个社会-开放系统

1. 学校是一个社会系统

随着系统论的兴起，人们将这一思想运用到对学校组织的分析，认为学校是由一个个子系统构成的，这些子系统之间相互作用、相互影响，共同制约着学校系统的运转。一个复杂系统中包含四个有内在联系的方面，即任务、结构、技术和人。显而易见，学校这个社会系统也是由这四个子系统构成的。

在学校的任务方面，主要有安全保障、教学活动、德育工作等，它们共同指向培养目标的实现；在学校的结构方面，有班级、年级、教导处、总务处、校长办公室等，这些机构一起构成了学校的组织体系；在技术方面，包括了学校的决策技术、课程开发技术、教学技术、评价技术等，为各项工作的开展提供方法与手段的支撑；在人的方面，有教师、学生、管理者、后勤服务人员等，他们是学校系统的主体力量。这些子系统之间是相互关联的，比如网络技术的迅猛发展可能使学校组织走向扁平化，对所有人的网络运用技能提出了更高的要求，也使学校具备了不受时空限制的远程教学服务能力。

在系统论看来，学校是由各个子系统构成的，而它本身又是更大系统中的子系统。各级系统之间是有界限的，但这些界限是可以渗透的。一旦一条界限或几条界限失去了渗透性，这个系统就陷入了封闭状态，并会逐步丧失应有的活动能力。

2. 学校是一个开放系统

开放系统理论认为，组织是一个通过与其环境的输入和输出来调节其生存状态的自我维持系统。一个开放系统往往强调循环，注重平衡与自我调整，关心信息的输入与反馈，倡导建立开放的思维方式。这些特征在学校组织中均有所体现，比如，学校的教育过程是动态的，由一堂课、一天、一周、一学期等大小循环组合而成。学校要收集各种信息，了解外界的动向。当环境发生改变时，学校要随之调整培养目标、课程结构、教学方式。所以，学校不仅是一个社会系统，而且是一个开放系统。

（二）学校组织环境的特殊性质

教育，是人类社会形成之时就有的；学校，则是社会发展到一定阶段后产生的，它是有计划、有组织地进行系统教育的机构。作为一种教育机构，学校有着不同于其他组织的环境性质。

1. 组织的类型划分

要真正把握学校组织的环境性质，必须把它放在整个社会组织大环境中去认识。许多学者都从不同的角度，对组织环境进行了分类，见表5-2[①]。

表5-2　组织环境的类型

分类依据	组织环境类型	举例
依组织的社会功能来分	生产组织：解决人类生活需要与供给问题	企业等
	政治组织：解决社会政治问题	政治团体等
	文化组织：解决文化传承与发展问题，满足人们文化教育需求	学校、教会等
依组织的支配手段来分	强制性组织：通过强制手段，迫使成员服从组织	监狱、集中营等
	功利性组织：通过报酬以及奖励机制，赢得成员的服从	商业组织等
	规范性组织：通过态度、价值、理想等各种规范，赢得成员的服务	学校、医院等

---

① 郭继东：《学校组织与管理》，华东师范大学出版社2012年版。

分类依据	组织环境类型	举 例
依组织的受益对象来分	公益组织：受益对象为全体民众	政府等
	企业组织：受益对象为企业所有者或股东	公司、商店等
	服务组织：受益对象为组织所直接服务的对象	学校、医院等
	互利组织：受益对象为组织成员	工会、俱乐部等
依成员自愿参与程度来分	自主型组织：成员自愿参与或脱离	协会、学会等
	半自主型组织：组织对参与成员有资格要求，组织与成员有权利与责任关系	企业、政府等
	非自主型组织：强制某些符合一定条件的成员参与	监狱等

从分类中可以看出，学校不是生产组织，因而当以继承与发展人类的文化遗产为己任；学校是一种服务组织，必须加强对教职员工的职业道德教育，防止侵害学生利益的行为；学校基本上是一个规范性组织，在管理中要慎用强制手段和利益诱导。实行"就近入学"的公立学校是一种非自主型组织，而"自主招生"的民办学校则是一种自主型组织。前者由于没有生源与经费的压力，因而学校的服务意识与质量意识相对弱于后者。

2. 学校独特的二元权威环境

与其他组织一样，学校有一套按照权力等级建立起来的行政环境系统，由学校的管理人员组成。与许多组织不同，学校还存在着一套专业化的学术环境系统，由学校的教师群体（特别是资深的优秀教师）组成。这就使得学校形成了行政权威与学术权威并存的独特的二元权威环境，两者之间有相互的支持与配合，也有矛盾与冲突。究其原因，是由于管理者与教师所处的地位不同，两者的价值取向存在差异，见表5-3。

表5-3　专业取向与科层取向的基本特征：相似性与差异性

专业取向	科层取向
技术专家	技术专家
目标观点	目标观点
非人格化和公正的方法	非人格化和公正的方法
服务于顾客	服务于顾客
冲突的主要来源	
同行评价小组	等级取向
决策自主	规训化服从
自定控制标准	服从于自主

（三）学校与环境因素

由于学校是一个社会－开放系统，它与各种环境因素有着千丝万缕的联系。了解学校周遭的环境，对于做好管理工作十分重要。

1. 环境的概念及其类型划分

所谓环境，是指环绕一定事物并与该事物发生一定关系的现实境况。从不同的角度，可以对它做出不同的分类。

（1）按照环境与组织的关系划分。按照环境与组织的关系，可以把环境分为内部环境与外部环境。内部环境是指组织界限以内，与组织内个体决策行为直接相关的自然和社会因素，比如组织目标、产品和服务的属性、组织内部的沟通等；外部环境是指组织界限以外的，与组织个体决策直接相关的自然和社会因素，比如顾客、竞争者、供应商、政府、行业协会等。

由于内部环境是组织自身的文化、管理或条件所形成的，因而管理者可以对其进行自动调节和主动创造；而外部环境是外在于组织而客观存在的，管理者对它不易直接操控，因而多数情况下组织要适应外部环境，有条件的可对其施加影响。有鉴于此，本部分重点讨论的是学校与外部环境的关系问题。

（2）根据环境对组织的作用强度划分。根据环境对组织的作用强度，可以把环境分为一般环境与具体环境。一般环境是指对某一特定社会中的各类组织或个人都发生影响的环境，它影响的范围通常较广，影响的方式是间接的，影响的层面则是深层的；具体环境是指那些对管理者的决策和行为产生直接影响，并与实现组织目标直接相关的要素。

卡斯特（F. Kast）和罗森茨韦克（J. Rosenzweig）归纳了九种一般环境，它们影响与制约着学校的发展：社会的政治环境决定了学校的政治方向；经济环境制约着学校教育的规模；政治环境限定了学校的阶级属性；技术环境影响着学校教育手段的更新；人口环境决定了生源结构的变化；教育环境制约着教育的受重视程度；法治环境促进了学校管理的法治化；文化环境为学校教育提供了深厚的文化底蕴；自然资源环境则为学校的生存与发展提供了基本的物质条件。而学校的具体环境包括：政府及教育行政部门、社区、家庭、同类同级学校、高一级与低一级学校、其他社会服务部门、社会教育机构等。

（3）依据构成要素的特征划分。依据构成要素的特征，可以把组织环境分为硬环境与软环境。硬环境是指组织的地理条件、资源状况、基础设施、基本条件等"硬件"环境；软环境是相对于硬环境而言的，它是指诸如政策、文化、制度、法律、思想观念等外部因素和条件的总和。

随着社会对教育重视程度的提高，随着教育均衡化的推进，学校之间在硬环境上的差距在缩小，学校的发展更多地受制于软环境。所以，学校管理者要积极争取政策扶持与民意支持，教育行政部门和社会各界也要为学校创设有利的软环境。

2. 学校与环境的关系解析

环境是构成组织的要素之一，是组织生存的基本条件。而组织又是环境的产物，其生存与发展不可避免地受到所在环境的影响。因此，组织与环境之间具有相互依存的紧密关系。与物理系统不同，社会系统的边界更加模糊，环境的影响自然就更加深入。对学校而言，环境是系统的能量源，它为学校提供资源、价值观、技术、要求与历史，所有这些都为组织行为提供了约束和机会。学校与环境的关系表现为以下三种形态：

一是被动适应。学校管理者对环境因素缺乏足够的重视，主动把握环境变化的意识不强，总是在环境因素的逼迫下被动地做出调整。比如，生源大幅度萎缩后，校方才不得不采取小班化教学，以消化师资的冗余。在这一形态中，管理者放弃了自身的努力，对环境完全采取顺从的态度，因而学校往往只能勉强维持生存而难以有所发展。

二是主动应对。组织并不总是被动地采取适应性反应，在相当程度上可以通过主观的战略行为来抵御外界的变化，并且影响环境，进而改变所处环境以求得有利的地位。一般情况下，学校可以通过知识的积累、核心竞争力的打造等策略，主动塑造有利于自身的环境。

三是有效管理。无论是被动适应还是主动应对，人们对于组织与环境关系的认识都是对立的，而实际上两者之间的关系不是简单的组织决定环境或环境决定组织，而是相互依存、彼此影响的关系。认识到这一点，学校就应寻求被动适应与主动应对的整合与统一。

（四） 学校的环境管理策略

环境具有复杂性、动态性和不确定性，因此，要开展环境管理，以把握环境变化，减小组织发展的不确定性，增强组织的适应能力，主动创造有利于组织的环境。

1. 采集信息，监测环境。学校所赖以生存的外部环境总是处于不断变动的状态，不管是一般环境还是具体环境，也无论是硬环境还是软环境，都时刻发生着或大或小、或快或慢的变化。这些变化可能对学校有利，也可能对学校不利，因此，学校要建立信息采集系统，监测环境的变动情况，形成预警机制，避免因应对不及而造成损失[1]。一般情况

---

[1] 韩丽风等：《新环境下高校信息素养教育实践的创新探索》，载《图书情报工作》2018 年第 62 卷 24 期，第12-17 页。

下，学校管理者应重点把握四个信息：①国家政治、经济发展的最新趋向，与教育事业相关的法律、政策、文件。明确这些信息，有助于及时调整学校的发展方向和培养目标。②教育改革的方向。在社会转型时期，教育改革势在必行，了解改革趋势能够帮助教师更新教育理念，构建新的课程体系，改变陈旧的教育教学方式。③社会文化发展动态。从组织功能看，学校属于范式维持组织，肩负有文化传承的使命。因此，学校不能成为主流文化发展潮流的旁观者，必须做社会先进文化的传播者与创造者。④技术更新的最新趋势。科技的高速发展会对学校产生不可估量的影响，伴随 IT 技术的进步和广泛运用，E-Learning（Electronic Learning）已被提上议事日程，这将让教学方式、组织形态、学校管理等发生翻天覆地的变化。

2. 分析信息，适应环境。环境中的信息往往是杂乱无序的，必须通过加工处理才会有用。学校管理者要对得到的信息去粗取精、去伪存真，判断哪些因素会对学校的发展产生影响。面对大量的信息（特别是一些相互矛盾的信息），学校管理者要善于拨开迷雾，把握方向。在对信息进行深度加工后，学校管理者必须做出合理的回应。一般而言，管理者首先要考虑如何适应环境的变化，让学校能够生存下去。

3. 组织变革，塑造环境。组织与环境并不是孤立存在的，事实上，环境在影响着组织，组织也在影响着环境，两者是协同演进的关系。组织学习理论认为，组织学习过程既体现了对环境的被动适应性，又在一定程度上体现了组织对环境的能动性，即组织可利用其行为来影响环境，从而使组织与环境之间达到更好的匹配。

学校的发展有赖于良好的环境条件，同时，学校也担负着改造环境的责任。学校领导要致力于建设好学校内部环境，营造良好的"小气候"去积极影响社会大环境，在逐步改造周围环境中的不良因素的进程中，为学校自身的发展创设一个更好的外部环境，促进学校与环境的共同进步，从而产生共振效应。

第二节　学校管理工作的领导体系建设

学校管理工作的领导体制是指学校的组织制度，也称内部管理体制。中等及中等以下学校实行校长负责制，这一体制要求校长对学校工作全面负责，党的学校基层组织保证监督，教职工、学生及家长、社区组织参与民主管理与监督。学校要通过学校章程及制度设计、学校组织机构设置及权限划分等管理机制，协调权利与权力的关系、权利与义务的关系，保证学校的发展。学校发展需要以良好的组织制度协调学校内外的各种关系，明确各主体的权利和义务、权力和责任，这正是学校领导体制要解决的问题。

一、校务委员会制

新中国成立初期，实行校务委员会制。各地学校建立起由进步的教职工和学生代表组成的校务委员会，校长由政府委派。这种体制对于旧学校的改造、稳定学校秩序、发扬民主等，起到了积极的作用，但这种体制由于实行集体领导的方式，所以容易导致极端民主和工作无人负责的现象。

二、校长责任制

学校行政的一切重大问题都由校长决定。这种体制极大地加强了学校的行政领导，改进了学校管理工作，改变了学校工作无人负责的现象，但由于当时学校对加强党的领导和发扬民主方面重视不够，还没有建立起相应的监督机制，因而会出现校长个人独断专行的现象，忽视广大教职工参与管理的权利。

三、党支部领导下的校长负责制

普遍设立了党支部，实行党支部领导下的校长负责制。这种领导体制在加强学校的思想政治工作方面起到一定的作用，但由于党政职责不清，出现了党政不分、以党代政的现象，行政机构和行政负责人的作用没有得到充分发挥。

四、当地党委和教育行政部门领导下的校长负责制

校长是学校行政负责人，在当地党委和主管的教育行政部门领导下，负责领导全校的工作。"学校党支部对学校行政工作负有保证和监督的责任"。这种体制的实施，在保证党对学校领导的同时，也加强了校长管理学校的职能，使得学校党政有了分工，职责较为分明，但这种领导体制缺乏民主机制。

五、党支部领导下的校长分工负责制

校长分工负责制把"领导"与"负责"分开，使校长有责无权，党支部有权无责，从而影响了学校行政管理的效果。

从上述学校领导体制的演变过程来看，还存在权力与责任分离的状况，并未从学校领导体制需要系统协调组织机构之间的相互关系以及张扬民主管理的精神入手进行制度设计，因而学校管理的权力与责任始终未能对应，教职工参与学校管理的民主权利始终未能

得到保障。学校领导体制的确立，需要从解决谁负责、谁监督，如何对权力公平分配，如何保证民主权利等方面进行系统思考，并要通过学校章程及制度设计、学校组织机构设置及权限划分等管理机制，协调权利与权力的关系、权利与义务的关系，保证学校领导体制的有效运行。

六、实行校长负责制各主体的职权

（一）校长的职权

校长是学校的行政负责人，是学校的法定代表人。校长具有以下职权：

决策权。校长有权根据党和国家的教育方针政策、法律法规，组织制定学校发展战略、工作计划及规章制度；有权通过主持校务会议等形式，对学校管理工作中的重大问题做出决定和策划。

人事权。校长有权推荐或提名副校长，有权任免学校内设机构的负责人，有权对教职工的聘任、考核、评价、培训等做出决定。

财经权。校长有权按照财务制度使用经费，管理校产。学校的经费、设备、校舍等是学校的物质资源，必须有效管理。对此，国家有相应的管理制度，校长必须按章行事，遵守规约，依法管理。

培训权。校长有权参加国家规定的培训。要当校长必须取得校长任职资格，这需要参加岗前培训。当了校长之后，还要参加规定时数的提高培训。

建议权。校长有权对上级主管部门的工作提出意见和建议。校长在工作中要执行上级的方针政策、法律法规，在执行过程中发现问题要及时向上级反映，并提出改进的意见或建议。

（二）教职工代表大会的职权

教职工代表大会是在党的学校基层组织领导下的学校民主管理机构，是校长负责制的重要实施机构。学校民主管理要求教职工等学校管理主体能依法行使参与学校管理的权利，共同决定学校的重大事务，对学校工作进行监督。学校实行民主管理可以调动教职工参与管理的积极性，增强校长决策的准确性和效力，融洽校长与教职工的关系，提高校长在学校的地位与权威，同时能防止权力集中导致不良现象。学校实施民主管理要体现在管理程序民主和实质民主两方面。在管理程序上要保证学校重大决策经过教职工代表大会的充分讨论，做到校务公开，在实质上要保证教职工代表大会行使参与和监督学校管理的权利，做到管理的公平与公正。教职工代表大会具有以下职权：

1. 审议权。教职工代表大会有权对学校发展规划、工作计划、规章制度、财务及校产管理进行审议，有权听取、评议和审议校长的述职和工作报告。

2. 建议权。教职工代表大会有权对学校领导者的奖惩、晋升、处分、免职提出意见或建议。

3. 提案权。教职工代表大会有权对教职工的聘任、奖惩、进修、保险、待遇等关系教职工切身利益的问题进行讨论，提出议案。

4. 决议权。教职工代表大会有权对学校重要规章制度通过合法程序做出决议。

5. 监督权。教职工代表大会有权对学校的办学方向、教育改革、教育教学管理中的重大问题、学校的财务、人事管理进行监督，有权对学校职能部门贯彻教职工代表大会的决议、落实提案的情况进行检查，有权要求校务公开。

6. 其他职权。教职工代表大会有权行使法律法规授予的其他职权。

（三）学生及家长、社区组织的职权

学生及家长、社区组织是现代学校管理的重要主体，有权参与和监督学校管理。他们具有以下职权：

1. 建议权。学生及家长、社区组织有权参与学校的重要决策，有权对学校决策提出建议。

2. 知情权。学生及家长有权要求学校对学生进行公正评价，家长有权了解学生在学校的表现。

3. 监督权。学生及家长、社区组织有权监督学校的课程设置及实施，有权要求学校公开收费项目及其使用去向。

4. 其他职权。学生及家长、社区组织有权行使法律法规授予的其他职权。

七、学校其他领导人员的地位与作用

（一）学校其他领导人员的地位

学校除校长之外，还有党的学校基层组织书记、工会主席、副校长等其他领导者。以书记为代表的党的学校基层组织在学校处于政治核心地位。以工会主席为代表的工会的学校基层组织在学校处于民主管理和民主监督的地位。副校长等其他学校行政负责人处于协助校长共同管理学校的地位。

（二）学校其他领导人员的作用

不同的学校领导者在学校的作用亦不相同。书记的主要作用是保证监督党的方针政策的贯彻执行。工会主席的主要作用是沟通党和群众、行政组织之间的关系，发挥工会的桥梁、纽带作用。副校长等其他行政负责人的主要作用是协助校长做好行政工作，配合党组织、工会组织做好党的工作和群众工作。

第三节　学校组织运营管理的策略创新

学校组织运营管理策略创新在学校管理中是十分重要的一部分内容，在对学校管理在当下社会的现状与实践状态进行梳理之后，本节主要围绕学校总体规划与目标制定、学校组织运营管理理论以及学校组织变革与创新发展这三个内容进行深刻分析。

一、学校总体规划与目标制定

学校办学目标是在教育方针的指导下，根据所处地区的经济文化发展需求，结合自身设备设施、师资力量等实际情况，制定的学校教育教学中长期工作目标。好的学校办学目标对学校工作有导向性，对全体教职工教育教学活动有激励性，使学校发展有明确的方向，使教师工作有动力。

（一）学校制定办学目标应遵循的原则

1. 适应性原则

在制定学校办学目标前，学校首先要了解所处社区及周边社区的基本情况，其次还要了解社区对教育的需求水平，根据掌握的资料做出适当的规划，使学校既能满足社会现阶段的需求，又能适应未来社会经济文化发展需求。

学校制定的办学目标不能脱离社会经济文化需求水平，否则学校就会由于失去社会的认可而无法维持。不难想象，在一个温饱问题都没有解决的地区，人们会把自己的子女送到一个收费高昂的"贵族"学校接受"贵族"式教育；同样的道理，在一个对文化教育要求相当高的经济发达地区，如果一个简陋的学校只教给学生基本的文化知识的话，同样也不可能得到社会的认同，收到大量的学生。

2. 激励性原则

心理学"激励"理论的结果说明只有在从事难易适度的学习和工作活动时，人的积极性才是最高的。

学校工作目标的实现最终依靠的是学校全体教职工。因此，学校的办学目标要有一定的高度和难度，在实现办学目标的过程中，才能充分调动全体教职工的积极性，让全体教职工最大限度地发挥自身潜力，合理高效地运用学校现有教学资源，把学校办学水平、办学效益提高到学校在一定时期内所能达到的最高水平；办学目标制定得太低，不费多大劲就能实现的，或办学目标制定得太高，学校长时期不能实现乃至根本无法实现的，都不利于调动教职工的工作积极性，不能使学校的办学效益得到最大限度的提高，失去了制定办学目标的意义。

3. 同一性原则

学校办学目标应是学校全体教职工的共同奋斗目标，该目标要能统率学校全体教职工的思想和行动。并且在这个目标的统率下，全体教职工的思想认识一致，自觉地把个人发展目标同学校办学目标协调起来，使教职工在为学校办学目标奋斗时自身得到发展。

学校在制定办学目标时，从最初方案的提出到最终方案的形成，可以采用座谈、讨论等方式，通过教代会、工会、党支部、团支部、行政会等组织，让全体教职工充分参与，充分发表个人意见。教职工亲自参与制定办学目标的过程，实际上就是教职工思想认识与学校办学目标反复协调、对学校办学目标不断加深认识的过程。

经历了这个过程，教职工就能深刻理解学校办学目标的内涵，并让个人发展目标与学校办学目标保持一致，自觉地为实现学校办学目标努力工作。

在制定学校的办学目标过程中，教职工要充分参与，要对学校现有条件有充分的了解，清楚实现学校办学目标的有利条件，同时也要充分认识到实现学校办学目标的困难。这样，教师在工作中才能针对学校实际，发挥优势，克服困难，找到实现学校办学目标的途径和方法，使管理实施和谐化。

现代教育以培养学生具有创新能力和实践能力的素质教育为核心。是通过人、财、物的和谐配置，制度管理与情感管理的有机结合，教育教学资源的和谐利用等，来达到管与理的和谐共振，从而实现教育的和谐发展，培养高素质的现代人才，提升现代学校的办学水平。

（二）达到和谐管理的方式

1. 以和谐教育的管理理念为目标

大教育家夸美纽斯曾经说过："人的本身，里外都是一种和谐。"人在身心各方面都存在着和谐发展的因素。

教育就是要使人的各种因素真正得到和谐发展，从而实现个体与社会的和谐。作为学校管理者，就是要把这种教育的和谐，把以人为本的和谐管理理念，把学校、教师、学生的和谐发展，作为学校的管理目标。为了实现目标，学校就必须规定任务，明确职责。有了目标，学校管理者就能及时指导、检查、考核评价和控制教学行为；教师明确了方向，就能制订工作计划，安排教学步骤，从而使学校各项工作有条不紊地开展，教育教学管理井然有序。

2. 落实和谐发展的管理制度

"家有家规，国有国法，校有校章""没有规矩，不成方圆"，任何一项管理，都要有制度的保障来实施，学校的管理尤其如此。所以，学校的各项规章制度的及时制定，不断完善，是确保师生按照学校的规定有序地开展工作和学习的必要条件。

有些学校，长期以来对科研活动不够重视，而且还没有完善的科研管理制度，学校开展科研氛围不浓，教师参与科研的积极性不高，而推进教育的关键是教师，教师素养的提高关键又在于科研能力的提高。但是由于学校缺乏教科研制度的保障，导致教师专业发展缓慢，造成学校、教师、学生三者不能和谐发展。

3. 追求人文关怀与情感管理

人是一个最大的变数，只有充分挖掘人的潜力，才能达到管理效率的最大化。因此，任何组织都不能忽略对人的管理。

马斯洛的需要层次论说明人类有五种基本需要。在各级需要依次得到满足的基础上，就会产生新的更高一级的需要。教师有实现更高层次的愿望和需要，有为实现更高层次愿望而蕴藏着的潜力。因此，学校管理者应注重人文关怀，加强情感管理，以此来激发教师的工作积极性和主观能动性，挖掘教师的潜能，提高工作效率，满足他们实现更高层次的需要。同时，学校管理需要很强的专业知识，也有很大的自由发挥的空间，这一切都需要教师有较强的自觉性、较高的教育教学水平、饱满的工作热情和认真负责的工作态度。

学校应关心教师的身心健康，创设宽松和谐的工作氛围，提供舒适的生活环境，重视教师专业成长，通过职位升迁、激励机制、优质福利等方法承认教师的工作成果，使教师富有成就感和使命感。

管理者应淡化行政意识，增强服务意识、民主观念，既要充分调动教职员工的积极性，鼓励教师参与管理，又要有强烈的责任心，乐于服务，乐于奉献，建立和谐的人际关系，促使教师以饱满的热情投入工作，从而达到工作效率的最大化。

（三）全心全意地打造校园文化

学校文化是学校所特有的文化现象，是以师生价值观为核心和承载这些价值的活动形式和物质形态。它包括学校的教育目标、校园环境、校园思潮、校风学风及以学校教育为特点的文化生活、教育设施、学生社团组织、学校的传统习惯、制度规范、人财物的管理等内容。其中，最核心的内容是指学校在长期办学过程中所形成的共同的价值观念。例如经济时代的学校，教职工因共同的利益而走到一起；文化时代的学校，教职工因共同的文化理念走到一起，没有精神的共同性，就没有利益的共同性。为了获得利益而牺牲精神的追求，使精神痛苦而利益满足的学校，已不具有吸引人的魅力。[①]

学校发展靠文化导向，学校经营靠文化协调，学校活力靠文化启动，学校吸引家长的形象更要靠文化来塑造，学校文化在学校管理中居于主导地位。

1. 要持之以恒地进行校园文化建设

经营学校文化，不可能采取立竿见影的办法。文化通过长时间的作用后，才能实现对人的规范作用和支配作用。只通过一个通知颁布，两个会议的发动，是没有效果的。如短时间突击的办法，搞运动的办法，硬性推广的办法，只能适得其反。校长只有坚持不懈地、不间断地对学校办学理念进行超文化的积累，才能使学校文化最终成为教职员工的信仰，最终陶冶出集体的性格。

2. 把校园文化渗透到活动中

经营学校文化，要无所不在地，事事处处把学校文化渗透到学校活动的一切场所、一切事件中，使学校文化处处存在、处处作用于师生员工，使其无处不接受学校文化的影响，在学校活动范围内，无处不感染学校文化的氛围。长此以往，在无形中就营造出文化场和文化力，使教职工受到文化渗透作用和改进作用，使客体文化会向主体文化转化。

3. 把学校文化和行为相结合共同经营

经营学校文化，要把行为和理念密切结合，使行为成为管理的传达形式。

使理念统率行为，使学校管理行为规范化、模式化。把规范化、模式化的行为长期坚持下去，推广到学校一切教职工中去，让行为模式由简单的模仿到顺化、到认同、到内化。

4. 经营校园文化应遵循客观规律

经营学校文化，校长的办学理念必须符合客观规律，必须与教职工的切身利益结合，

---

① 张东娇：《学校文化管理》，教育科学出版社 2013 年版。

做到以利益的落实和扩大为载体。以管理决策的正确性为保证，以校长对理念的一贯忠诚为示范。只有这样才能在共同孕育学校文化的过程中形成一种具有持久的影响力的"学校行为场"。

二、学校组织运营管理理论分析

学校组织理论是在一般组织理论基础上，通过对其吸纳而发展起来的。本节先对一般组织理论略加介绍，然后再来分析学校组织的相关特征。之后，在了解学习型组织理论的前提下，分析"学习型组织"这一新概念对学校管理的借鉴意义。

（一）一般组织理论简介

1. 对"组织"概念的理解

对于"组织"概念，不同理论流派的理解各不相同。理性系统观认为组织是实现具体组织目标的正式工具。理性是组织并实施一系列行为，以最大的效率实现预定目标的程度。持理性系统观的人认为目标作为组织中的重要因素，是指导组织行为的预期结果。目标的具体化有利于细化任务、进行资源配置、管理设计决策的理性化。形式化服务于组织理性化的目标，产生了工作绩效标准与规章，形成了可见的组织关系结构。同时对于如何创建和设计可以有效地完成任务的结构，理性系统理论家提出了分工、标准化、形式化、专业化、狭窄的控制幅度、权力等级体系和例外原则。[①]

自然系统观认为组织是在特定环境中为了适应和生存而形成的社会群体。自然系统观认为正式组织与结构在组织中不会真正发挥多少作用，而强调非正式组织、强调人以及人的需要。组织中的个体在与组织中其他个体交流时，带有自己独特的价值观、动机和知识结构，并因此产生了非正式的地位结构、沟通网络和权力关系等。自然系统观强调个体比结构重要，持"无组织之人"的取向。

开放系统观认为组织不是独立于外部环境，而是依赖于外部环境的开放系统。组织同时受到理性因素与自然因素影响，这些理性因素与自然因素随环境的变化而变化。开放系统观强调组织的动态性，组织为了生存下去必须适应环境，并根据环境的变化做相应的调整和变革。

"人类发明论"的组织实在观认为，组织是人在不断理解和反思的过程中发明与创造的社会现实，是人的价值和意志的集中表现，而非客观存在的事物；组织是依人的意志而

---

① ［美］弗雷德里克·泰勒：《科学管理原理》，马凤才译，机械工业出版社 2009 年版。

运行，并非目标导向的；组织与环境都是主观的存在，都是人的观念和行动的产物；权力是组织的灵魂，组织的权力来自人们对他人目的的承诺，人们在互动关系中创造出权力，并成为那些享有公认支配权的人实现目的的工具。

组织是依据目标与人的意志运行的、受客观因素与主观因素影响的开放系统。

2. 与组织相关的概念

（1）组织目标。组织目标作为组织一定时期内所要达到的预期效果，对组织以及组织成员具有导向功能。目标影响组织资源配置，指导组织任务分工，作为组织发展的指南针，调节不利于目标实现的行为。目标的长远性和清晰可操作性有利于组织做出理性的决策，同时使组织实际运作也受到具体目标的指导和调节。

（2）组织文化。任何一个组织都是由人构成的，是在组织发展历程中逐步形成的。因此，每个组织都有自己的价值观和行为方式。组织文化是组织必不可少的部分，而且影响组织的结构、组织的运营方式。威廉·大内（William Ouchi）认为，组织文化是指"借以将组织的潜在价值观和信念传递给组织成员的符号、礼仪、典故"。斯蒂芬·P. 罗宾斯（Stepher. P. Robbins）认为组织文化是"为组织成员所共享的、是组织和其他组织区分开来的意义系统"。埃德加·沙因（Edgar H. Schein）认为组织文化应保留"更深层次的基本假设、价值观和信念"，这些因素为组织成员所共享，并认为是能保证组织不断取得成功的当然因素。沙因认为，组织文化是"特定组织在适当处理外部环境和内部整合过程中出现的种种问题时，所发明、发现或发展起来的基本规范。这些规范运行良好，相当有效，因此被用作教导新成员观察、思考和感受有关问题的正确方式"。由此可以看出，组织文化是组织成员所共同认可的一套价值观；它是稳定的、客观的、深层次的，不是单个人可以决定和改变的，而是组织成员共同创造和默认的。

（3）正式组织与非正式组织。正式组织是通过组织设计而建立的正规的组织架构、部门和权力体系，正式组织的活动以成本和效率为主要标准；非正式组织是组织成员在感情需要的基础上产生的，它服从于组织成员的情感需要。正式组织与非正式组织在组织中客观存在，在组织存在与发展过程中，以各自的方式发挥影响和作用。

如何使非正式组织与正式组织相配合，发挥其积极作用，必须承认非正式组织存在的必要性和客观性，不反对正常的非正式组织的存在。建立和宣传健康良好的组织文化，即通过宣传乐观进取、积极向上的价值观、情感和行为规范，潜移默化影响非正式组织成员，有利于成员树立积极正确的工作和生活态度，使正式组织对非正式组织产生凝聚力，进而促进正式组织与非正式组织之间的协调。

3. 组织理论的演进

组织理论的发展经历了以工作为中心的古典组织理论，到以人为中心的新古典组织理论，再到以环境和系统为中心的权变组织理论。

（1）古典组织理论。韦伯（Weber）提出了科层制模式，主要包括明确的职责分工、建立自上而下的等级系统和奉行理性原则，遵守规则和纪律等。①劳动分工。在科层制模式中，工作任务是根据组织目的和工作类型进行划分的，职责范围十分明确。劳动分工使得专业化产生，使员工成为每一个特定的岗位上的专家。②等级制度。在科层制组织中，组织是按照等级制度原则，职权关系垂直分布，形成严密的上下级关系，每个员工都受到高一级的员工的控制和监督，每个员工都有明确的权利与责任。③规章制度。在科层制组织中，规章制度规定了每个职位的权利与义务，使组织成员的活动与关系受到规则的制约，从而促进了非人格化取向的产生，使组织成员的个人观念和倾向不影响组织的理性决策，组织成员都遵循严格的规章制度对待工作，以确保组织目标的实现。④效率。劳动分工和专业化造就了专家，而非人格化取向的专家会依据事实在技术上做出正确、合理的决策。一旦做出合理的决策，权威等级体系就会保证对指令的规训化服从，并遵从规章制度，形成一个协调优良的执行系统，保证组织运行的统一性和稳定性。

（2）新古典组织理论。梅奥（Mayo）是人际关系理论的创始人，认为工人不是单纯追求物质的"经济人"，而是有社会方面的、心理方面的需要的"社会人"；提出了非正式组织的存在。巴纳德（Barnard）用社会学的概念分析经理人员的职能和工作过程，并重点对组织结构进行逻辑分析，提出组织存在的基本条件。

斯科特（Scott）等人以古典组织理论为基础，吸收行为科学理论，修正古典理论后，提出了对于组织的看法。采取扁平化组织结构，摒弃科层制的高耸型；提倡部门而非个人专业化，允许人员流动，更富于人情味；提倡更多采用分权和参与决策的方式，而非集权以调动下级的积极性；重视对非正式组织的研究。

（3）权变组织理论。权变理论以菲德勒（Fiedler）为主要代表。他认为一个组织的结构和职能要根据组织所处的环境和内部条件的发展变化而变化，固定的组织结构和职能是行不通的。权变理论致力于在组织与环境之间建立最大的一致性，从而实现组织目标。

（二）学校组织特征分析

学校是一种有计划、有组织地进行教育教学活动的社会组织。其基本特征如下：

1. 劳动分工

教育任务过于复杂，学校组织必须通过劳动分工提高工作效率。分工主要涉及学科分工和水平分工。学科分工是指语文、数学、英语等，水平分工是指将学校分为小学、初中、高中等。

2. 学校组织文化

学校组织文化的分析可以通过研究文化的表述、文化的内容和主要的沟通方式，而偶像、故事和礼制作为学校文化的符号有助于识别学校的组织文化。偶像是指发挥交流文化的物质性的人造器物（理念、格言和奖品）；故事是指在真实事件的基础上通过改编的叙事，用以服务于学校文化的建立；礼制是指组织中重要的标志性的理性意识和惯例。大多数学校文化体现在课程计划、学校环境布局、学生学习活动与实践活动、教师会议、师生关系等。

学校组织文化可以划分为信任文化、调控文化等不同类型。

信任文化主要涉及教师与学生、校长与教师、校长与中层管理者、教师与家长、教师与教师等的信任。信任对学校文化，甚至学校的各方面都起着非常重要的作用。例如，当学生对教师的信任度很高的时候，学生会相信教师是可靠的、善良的、负责任的，更易于接受教师给学生施加的影响；当校长对教师的信任度很高的时候，校长会相信教师是积极进取的、能按时完成所布置的任务、对工作认真负责等，校长更易于对教师采取比较宽松的政策，给教师更多发展的空间；当教师对校长的信任程度很高的时候，教师更容易相信校长制定的制度方针的合理性，更加积极主动地配合校长展开工作；当教师之间的信任度很高的时候，教师更易于分享自己的工作心得和工作经验，从而促进教师专业化的成长；而当校长对中层干部的信任度不高时，不易于中层管理者的政策的执行，阻碍了政策方针落实到实处；当家长对教师的信任度比较低的时候，易于对教师产生敌对情绪，怀疑教师的人品和能力，不积极配合教师的工作，同时这种态度也会影响学生对教师的评价，阻碍了学生与教师信任关系的确立。

调控文化主要涉及校长和教师对学生学业的发展、人生观和价值观的培养等。调控文化是所有组织的共性文化，对学校文化而言，主要划分为以控为主的文化和以调为主的文化。

以控为主的学校文化强调用刻板的制度和传统对学生进行高度控制，把学校看成是师道尊严的场所，学生必须无条件服从教师的命令和安排，教师不必去了解学生的需要和差别，只需要把学生当作是待加工、没有主观意愿的物品，这样学校将成为等级制度森严的场所。

以调为主的学校文化把学校看成是民主社会的一部分，是培养学生民主能力的场所。教师认为学生有自觉学习的态度和积极向上的品质，教师的强权控制被学生的自我约束所取代，教师与学生之间的交流更多是以沟通与合作的方式进行，学校充满信任和谐的氛围。

（三）学校正式组织与非正式组织

学校的正式组织是按照韦伯的科层制模式建立。学校的管理层级是垂直分布，每一级管理者都受到上一级管理者的监督和控制，在学校中由上到下体现为校长、主任、年级长、教师。严密的上下级关系确保了下级对上级的命令的遵从，有利于学校组织的目标和任务落到实处。为了确保科层制的实施，学校有相应的规章制度进行约束。规章制度规定了每个职位的权利和义务，包括服从上级的命令、完成上级交给下级的任务、及时向上级报告工作情况等。

学校非正式组织是在学校正式组织展开活动的过程中，学校成员认可在其他同事身上存在的自己所具有、所喜欢、所欣赏的特点，从而加深对其认识，并建立工作以外的联系，最后在学校正式组织以外形成了一些与非正式组织相联系又独立于正式组织的小群体。学校中非正式组织的互动方式主要表现在以非正式组织的领导为中心的纪律网络、非正式的沟通渠道等，同时非正式结构也建立了共享价值和信念。

学校非正式组织作为一个群体，能够给成员提供归属感，满足成员心理上的需求；学校非正式组织对信息的传递速度快，比较真实，信息往往反映了教师的观念、态度以及工作进展情况，促进校长和主任等管理者了解组织内的真实情况；同时通过非正式组织使其成员加深对组织目标的了解，激发对组织目标的认同感，促进学校教育目标的实现。

（四）学校组织中的权力

对于任何组织而言，都必须对其成员进行控制，尤其对学校非正式组织而言更为重要，因为它承担着培育下一代的重任。学校通过设置目标、建立层级制、确立规章制度、管理与监督教师和学生行为，从而确保教育目标的实现。

学校中的权力主要包括强制权力、奖励权力、合法权力、魅力权力。

强制权力是校长等管理者通过惩罚不合要求的行为而影响下级的能力。惩罚主要包括解雇或降级、正式与非正式的批判、对基本权利的限制等。强制权力是组织授予并依据规章制度进行的处罚，组织有强制权，下级有服从义务。

奖励权力是学校管理者以奖励为手段来影响下级的能力。此权力的效果取决于奖励是否能满足下级的需求、需要投入的时间精力是否与奖励相匹配。例如，校长想鼓励教师积极进行科学研究，提高专业素养，校长可以为有能力和有意愿的教师提供出去学习的机会，对表现突出的教师给予物质奖励或者精神奖励等。

合法权力是建立在学校正式颁布的规章制度的基础上，是学校管理者凭借正式职务而影响下级的能力。下级并不是服从于某个具体的人，而是服从规章制度，所以管理者所执行的合法权力只局限在这一职位的权限内，而非学校管理者个人的魅力。

魅力权力是指由于下属对管理者的能力或道德等方面具有认同感，而使学校管理者对下级具有影响的能力。魅力权力属于感性范畴，主要依靠管理者的个人素质能力以及人格魅力等。例如，校长对工作认真负责的态度会影响教师对工作的态度和热情。

（五）学校组织的结构

韦伯式学校结构是一种专业化和科层化互相补充的结构类型，主要涉及专业结构、权威结构和混乱结构。专业结构是专业人员做出重要决策的结构。专业人员主要是指具有相关专业知识、有实力做出组织决策的专业人员。在学校组织中，教师的权力比较大。

权威结构强调科层制，而忽略专业性。该结构形成结构严密的上下级关系，确保对上级命令的服从；同时，有规章制度服务于科层结构，规定具体职位的权利和义务；采取非人格化取向，而不是凭感觉。

混合结构是一种科层化与专业化都低，容易产生混乱和冲突的组织结构。

此外，也有一些学者把学校看成是"松散耦合系统"或"有组织的无政府"状态。这种观点认为，学校的组织目标模糊不清，所用技术不明确，组织过程的参与者不断流动，各种活动不协调，各种结构性要素松散联系在一起，组织结构对组织活动的结果几乎没有什么影响。因为教师在教学过程中拥有广泛的专业自主权，不受管理者和其他教师的控制和监督，例如教学方法、课程内容的安排等；在学生问题上，同样具有广泛的自主权。

彼得·圣吉等人提出的学习型组织的"五项修炼"，具体内容包括以下几点：

1. 自我超越。自我超越是指通过个人成长和学习的修炼以不断扩展自身的能力。学习型组织的精神在于组织成员不断学习，充实自我，因此，组织应充分意识到组织成员的全面发展是组织实现目标的重要影响因素，应积极创造鼓励个人发展的组织环境，每个员工通过学习认清什么对自身是真正重要的东西，同时不断学习如何更清晰地观察现实。

2. 改善心智模式。心智模式不仅影响人们理解世界，同时影响人们的行动，而组织同样可能存在共享的心智模式。改善心智模式的修炼要求组织检查和修正以往以局部或静态思考的方式为主的心智模式，向注重互动关系与动态变化的思考方式为主的共享心智模式转变。同时，不一定寻求观点的协调一致，允许不同观点的存在，而且每个员工都能包容他人的不同观点。

3. 建立共同愿景。共同远景是组织成员普遍认同的价值观，是组织成员的共同认同感。共同的愿景是学习实践的焦点，也是其动力来源，主要表现在：共同愿景能激发人们的热望和抱负；能激励组织成员勇于承担风险，勇于探索。

4. 团队学习。团队学习是协调校正的过程，是开发团队能力的过程。团队学习涉及三个关键方面，即对复杂问题的深入思考和清晰理解、创新和协调的行动、团队成员对其他团队所起的作用。团队学习的修炼主要通过深度会谈和商讨的实践艺术。

5. 系统思考。要求团队成员树立全局的观念，把问题置于系统中来思考，从动态发展的各种要素中寻求新的动态平衡。

（六）学习型组织理论的现实意义

1. 组织创造良好的学习氛围

学习型组织的精神在于组织成员不断学习，充实自我。基于组织成员的全面发展是组织实现目标的重要影响因素，学校组织应为教师和学生提供一个支持和鼓励学习的环境，使学校成为教职工和学生能全身心投入并创造持续增长的学习力的组织。为此，校长必须对学习持有良好的态度，营造一种支持学习者的氛围；积极提供各种学习工具；深入了解教师和学生的学习方式，用知识推进学习；鼓励每个教职员工成为终身学习者；鼓励教职员工之间虚心学习；使用多样化手段鼓励教职员工积极学习，并对学习效果进行评价；了解那些阻碍学习的因素和促进学习的因素，趋利避害。

2. 学校组织成员应拥有共同愿景

学校组织的共同愿景是学校组织以及所有学校组织成员所预期创造的。它来自教职工和学生的内在需要，是学校组织成员乐意达到的目标，而非由外在强制施加的组织目标。学校组织的共同愿景的作用在于使不同个性、不同理想的人凝聚在一起，为学校共同的目标奋斗。事实上，人们寻求建立共同愿景，部分是出自学校组织成员希望能够归属学校这一重要任务。如果没有共同愿景把学校组织成员拉向真正想实现的目标，维持现状的力量将牢不可破。学校组织的共同愿景涉及学校组织的个性化的教育理念。学校组织的长远目标与近期目标，涉及学校领导人的教育哲学以及每一位教师的教育哲学，这种教育哲学包括每位员工的基本教育理念、学生观、课程观、教学观等哲学层面的理念与意识，也包括每位员工对于学校办学目标的具体认识以及个体对自己的组织角色的认识等。

3. 转变学校领导原则

确立以人为本的管理原则。以人为本就是指以人的本性和身心特点，以人的全面的、自在的发展为核心，创造相应的环境、条件，以个人的自我管理为基础，以组织共同愿景为引导的一整套管理模式。这种管理所强调的是要突出人的地位，把人的心理和生理上的需要满足感作为"第一因素"，在管理中做到关心人、理解人、重视人、尊重人、激发人和发展人。学习型组织理论的核心内容就是强调"人本"。这就要求学校的组织者和管理者必须树立以人为本的思想，建立组织成员之间平等的、和谐的、互助的新型人际关系。

4. 开放学校组织

学习型组织是一个开放的系统，学校内部因素与学校外部因素相互联系。因此，学校组织成员必须进行系统而全面的思考。学校应加强与社区的联系，使学校能在一定程度上满足社区的需要，为社区服务；学校应广泛吸引社会力量对学校进行投资办学，同时学校要广泛调动社会各方面的力量参与办学，从而提高学校的质量；开设网络课程，使自身的优势教育资源能惠及更多有需要的人，产生更大的效益，同时提升学校的知名度。

5. 重构学校组织结构

学习型组织的结构不同于传统的科层制和等级制的组织模式，它强调横向与纵向相结合的联系与沟通的方式，强调权力下放，同时还表现出适应性强、反应灵活的特点。因而在建设学习型学校时要根据学习型组织的特征改造和重构学校组织。营造合作的组织氛围，建立知识和信息沟通渠道，因为现行的学校管理模式过分强调竞争与控制，学校的信息流动性极差，教师之间很少合作，造成工作的重复，学校管理总体水平不高。因此，增强信息流动性、建立分享与合作机制显得尤为重要。鼓励教师建立一个尊重所有学生能力与需要的环境，鼓励师生积极参与教育决策结构，从而形成"以师生为主"扁平化的学校组织结构。学校要削减不必要的部门或者合并功能重叠的部门，同时减少学校决策层与操作层之间的间隔层次，实现扁平化管理。

三、学校组织变革与创新发展

任何组织都有自己的生命周期，都会面临衰老和死亡，在竞争激烈的市场环境下，组织要么通过变革获得新生，要么慢慢走向死亡。

（一）组织变革含义及内容

本文认为，组织变革是组织为了实现自身的生存和发展目标，根据外部环境和内部环境的变化，对组织的结构、人员、技术、文化等方面进行的调整、改变和创新过程。组织变革的内容主要包括以下几点：

1. 结构变革。组织的正常运行，要求有与之相应的运行载体，即合理的组织结构。

变化着的环境要求组织的结构与之相应改变，变革一般包括变动组织的部门或单位、调整组织的权责体系、协调各部门之间的关系以及向下授权等。

2. 人员变革。人员变革的目的是帮助组织中的个体和群体更有效地工作。变革的内容包括通过满足成员的各种合理需求来改变个体的观念与态度和通过加强沟通交流、鼓励成员参与管理及完善领导方式来发展个体和群体的行为方式。

3. 技术变革。技术变革包括两个层次：一类是直接工作技术变革，即更新生产设备，采用新工艺、新方法和新技术；另一类是管理技术系统的变革，如现代化的信息处理系统的引进、新的程序管理方法的使用等。

4. 文化变革。组织文化是组织成员共有的信仰、价值观和行为准则。组织内部人员的知识结构、技术水平、价值观念、思维方式随着环境的变化而不断更新，组织文化也会随之改变。

（二）组织变革的类型

根据组织变革有无计划和目的性，可分为"有计划的变革"和"无计划的变革"。前者是一种经过深思熟虑后进行的变革；后者是一种强加给组织的变革，而且常常是不可预见的。[①]

根据组织变革的速度和范围不同，可分为"渐进式变革"和"激进式变革"。前者是一种局部的、递增的、强调逐步变化的变革；后者是一种快速的、剧烈的和范围广泛的变革。

组织变革的第三种类型是"战略性变革"和"草根型变革"：前者指由行政长官、高层主管、顾问等一些主要人物做出的抉择，行动具有广泛而深远的影响；后者是那些发生在地方或街道这一层面上的改革，组织中的中层领导、基层管理人员及一线工作的员工都要参与到改革中来。

（三）组织变革的机制分析

组织变革的机制涉及组织变革的动因、阻力及消除阻力的策略三个方面。

1. 组织变革的动因

变革的动因有许多，有些是外部的，有些是内部的。外部环境包括经济、政治、社会、文化、人口、市场、自然环境等，任何一种因素都可能成为促使组织变革的强大力

---

① ［加］亨利·明茨伯格：《战略规划的衰落与兴起》，华夏出版社 1994 年版。

量，对组织的发展有深远的影响。从组织内部来看，促使组织变革的因素主要有如下几个方面：组织运行状况不佳，效率和效益下降；组织战略的改变；组织结构存有缺陷；组织规模的变化；人力资源的变化。这些都促使组织进行变革，以提高组织对内外环境的应变能力。

2. 组织变革的阻力

斯蒂芬·P. 罗宾斯从个体和组织两个层面对组织变革阻力进行了区分，其中个体阻力被认为是来自基本的人类特征，主要包括习惯、安全感、经济因素、对未知的恐惧、选择性信息加工这五个方面。[1] 除了上述五个阻力源之外，里芬·W. 格里芬（Ricky W. Griffin）认为还有第六个社会因素：人们可能会因为担心他人的看法而抵制变革。

制约组织变革的阻力中有一部分是来自组织自身的，因为组织就其本质来说是保守的。这些阻力源又有六种：第一，结构惰性。组织拥有的内在的机制很可能会充当变革的反作用力。第二，有限的变革关注。子系统中的有限变革很可能会因更大的系统问题而变得无效。第三，群体惰性。即使个体想改变他们的行为，群体规范也会成为约束力。第四，对专业知识的威胁。组织模式的变革可能会对特殊群体的专业知识构成威胁。第五，对已有权力关系的威胁，使既得利益者反对变革。第六，对已有资源分配的威胁。组织中控制一定数量资源的群体，常常把变革视为一种威胁。

3. 消除阻力的策略

认识到组织变革的阻力后，斯蒂芬·P. 罗宾斯同时提出了可以使用的六种策略：第一种是教育和沟通，通过个别交谈、小组讨论等方式进行沟通，使变革的阻力降低。第二种是参与，即把持反对意见的人吸收进决策过程中来。第三种是促进与支持，通过提供大量的支持性的措施来减少阻力。第四种是谈判，同具有强大影响力的个人和部门进行谈判。第五种是操纵和收买，前者指的是暗地里施加的影响力；后者同时包括了操纵和让反对者参与其中两种方式。第六种是强制的手段，即直接对抵制者实施威胁和压力。

（四）组织变革的模式

组织变革是一个复杂、动态的过程，需要有系统的理论指导。库尔特·卢因（Kurt Lewin）认为，成功的组织变革应该遵循以下三个步骤：解冻现状，移动到新状态，重新冻结新变革使之恒久。现状可以被视为一种平衡状态，要打破这种平衡状态，必须先"解冻"，它可以通过以下三种方式中的任何一种实现：一是增加引导行为脱离现状的力量；

---

[1]　[美] 斯蒂芬·罗宾斯：《组织行为学》，孙健敏等译，中国人民大学出版社 2004 年

二是减少阻碍偏离现有平衡状态活动的力量；三是以上两种方法的结合。一旦变革付诸实施，要想成功，还需要重新冻结新形势，使它长久保持下来。

行动研究指的是这样一种变革过程：它首先系统地收集信息，然后在信息分析的基础上选定变革行为，包括五个阶段：第一是组织，发起变革前，需要从组织成员那里收集变革需求方面的信息进行诊断；第二是分析，将有关信息综合成人们主要关心的问题、问题的范围及可能采取的行动；第三是反馈，即让员工共同分享前两步发现的问题，由员工开发需要实施变革的行动计划；第四是行动，包括人力、物力、财力等资源的优化配置、组织重构和确定发展战略等；第五是评价，以收集到的原始资料作为标杆，对活动计划的有效性进行评估。行动研究的有利之处是着眼于问题，由发现问题的类型进而决定采取何种行动。另外，行动研究中包括员工的参与，所以减弱了变革的阻力。

系统变革模型是在更大的范围内解释组织变革过程中各种变量之间的相互联系和相互影响关系。这个模型包括输入、变革元素和输出三个部分。输入部分包括内部的强项和弱项、外部的机会和威胁。其基本架构是组织的使命、愿景和相应的战略规划；变革元素包括目标、人员、社会因素、方法和组织体制等，组织需要根据战略规划，组合相应的变革元素；输出部分是指变革的结果，应从组织、部门群体和个体等方面增强组织的整体效能。

从上述理论模型可以看出，组织变革的程序步骤一般有以下方面：研究组织的内外环境，确认变革的需要；认识问题，找出差距；提出变革行动方案；实行变革，评定变革的效果；实行反馈，巩固变革的成果。

（五）组织变革的趋势

纵观国内外企业组织架构已经或即将发生的变化的主要趋势可概括为：扁平化、弹性化、网络化。

1. 扁平化趋势：传统的企业组织结构多为金字塔形，其优点是分工明确、便于监控等。但其缺点也很明显，主要表现为机构臃肿、效率低下等。所谓扁平化，就是减少中间层次，增大管理幅度。由于管理层次的减少，缩短了上下层的距离，提高了信息传递的速度和办事效率；由于管理幅度加大，迫使上司必须适度授权，对发挥员工的创造性极为有利。

2. 弹性化趋势：企业为了实现某一目标而把在不同领域工作，具有不同知识和技能的人集中于一个特定的动态团队之中，共同完成某个项目，等项目完成后团队成员各回各处。这种机动团队的优点是灵活机动、博采众长、集合优势，不仅可以大大降低成本，而且能够促进企业人力资源的开发。

3. 网络化趋势：企业形式集团化，众多企业之间的联系日益紧密起来。

（六）学校组织变革的相关理论

学校是担负教与学任务的服务型组织。与其他类型的组织相比，学校的最终目的是学生的学习，学校更应该成为"学习型组织"。要成为有效的学习型组织，学校必须以适当的方式建构可持续的支持教与学的结构；发展开放、合作、自我管理的组织文化与氛围；吸引办事可靠、有效并欢迎变革的个体；建构促进共同决策和持续沟通的机制，以提高组织的适应性。总而言之，学校组织作为组织的一类，也应该随着环境的变化而进行组织变革。

1. 学校组织变革理论

（1）霍伊（Hoy）与米斯克尔（Miskel）的观点。自霍尔运用组织量表测量了科层结构的六个核心特征后，霍伊与米斯克尔进一步将六个特征划分为两大系列：一为"科层的"，二为"专业的"。如果将每一种模式一分为二，组织的科层性和专业性就整合成了学校组织的四种结构类型。韦伯结构是一种专业化和科层化相互补充的结构形式；权威结构则是在牺牲专业性的同时强调科层权威，权威是建立在职位和等级制度基础上的；专业结构是由专业人员做出重要决策的结构，这一群体的成员被认为是拥有专业知识的专业人员；混乱结构是一种科层化水平与专业化水平都很低的组织结构。

学校的三种结构在特征属性上的不同，对学校组织发展的影响也有积极和消极之分，下面分别介绍。

第一，由混乱结构走向权威结构。由于学校结构中的混乱结构毫无效能可言，强大的压力会促使它向其他结构形式转变。相对而言，从混乱结构转向权威结构比较自然也比较容易，因此要使混乱局面变得有秩序，变革者会转向严格的科层程序与权威程序，以维持秩序。

第二，由权威结构走向韦伯结构。权威结构中预期的冲突虽然低于混乱结构中的冲突，但高于韦伯结构与专业结构的冲突。韦伯结构中组织的正式特征与非正式特征融为一体，在简单而又稳定的环境中能最有效地发挥作用。因此，学校结构发展的下一个逻辑阶段是走向韦伯结构。

第三，由韦伯结构转向专业结构。作为一种职业，教学变得更为专业化；在稳定的、复杂的环境中，专业组织具有高效能的潜力，一些学校的结构从韦伯结构转向专业结构。

在霍伊和米斯克尔提出的学校发展模式中，学校逐渐从混乱结构走向权威结构，再到韦伯结构,再转变为专业结构。但他们也指出,由于环境混乱、变化多端,这些学校有可能会倒退回原来的混乱结构。

(2)明茨伯格的观点。明茨伯格将结构描述为组织根据任务进行劳动分工并促使员工相互协调的方式。这些协调方式有五种:相互调节、直接监管、工作过程的标准化、产出标准化及工人技能的标准化。另外,他还界定了组织的五个主要构成部分:操作核心、战略顶层、中间层、技术结构、支持人员。通过将组织的五个构成部分与五种协调机制结合起来,就构成了五种基本的组织结构。在这五种组织结构中,理想的形式是专业科层制,组织变革的方向是专业化。

(3)霍伊(Hoy)和斯威特兰(Sweetland)的观点。霍伊和斯威特兰根据学校中的形式化(规则、制度与程序系统)与集权化(权威等级体系),将学校结构分为"促进型学校结构"和"阻滞型学校结构"两大类。两种学校结构在形式化、集权化、过程、情境等方面具有不同的特征:促进型的学校管理是发现帮助教师取得成功的方法,而不是监视教师的行为以确保服从,通常可以提高管理效能,促进学校运作。与此相反,阻滞型的学校结构使教师有一种权力失落感,易产生角色冲突,并服从于规则和等级制度,从而导致消极后果。在对学校结构变革时,要及时检视现有的结构具有的阻滞因素,实现由阻滞型学校结构到促进型学校结构的转变。

2. 学校组织变革的理论基础

从上述学者的研究理论来看,无论是对学校的结构类型进行划分还是对学校结构变革取向进行讨论,都离不开对学校组织中的科层取向和专业取向的关系进行一番探究。学校组织变革的理论基础就是组织中科层取向与专业取向的融合。按照科层制和专业性两个维度划分,已经知道,学校中可能至少有两类基本组织:一类是负有制度与管理职能的科层组织;另一类是专业组织,负责实际的教与学的技术过程。学校组织中专业性和科层制之间存在差异与冲突:专业行为的根本基础是专业知识;而科层行为的最终辩护却是它与组织规章制度的一致性以及上级的同意。这一点就成了组织科层和专业之间的矛盾冲突——"专业知识和自治"与"科层纪律和控制"之间冲突的主要来源。

尽管存在冲突,但两种取向的趋势是相互融合的。第一,学校组织中若只有机械的科层制,硬性的规章制度,而缺乏共同的目标、愿望、主体意识、民主意识等人文的东西,那么这种组织就无法进行有效的管理活动。第二,学校组织要常葆生命力,关键还在于组织中的人。学校组织中的主体之一教师,有着自己的需要和追求、自己的情感和意志,在组织决策过程中也应当拥有较大权力。第三,从事实层面上来看,现行的学校已经同时存在两个权力系统,一个是科层的,一个是专业的。只是每所学校在处于科层化多一些还是专业化多一些的发展状态上程度不一。本文可以预测，专业化与科层化的结合需要有一个最适当的水平，只有在这一水平达到平衡时才有可能获得理想的管理效果。尤其是在学校结构变革中更要追求这样一种融合：在学校结构基本上是带有权威特点的科层制的基础上，使学校组织多一点专业性。上述组织变革理论的共有的一条线索，就是对学校组织中的两种取向的科层取向与专业取向之间的相容共生做出的尝试。

3. 学校组织变革的影响因素

在组织的结构变革中，理想的学校是专业模式，但是大多数学校并非专业组织。这是因为学校组织同其他组织一样，变革会受到许多因素的影响。

其一是学校规模和办学时间长短。随着规模的扩大，学校中的非正式关系和直接监管很有可能被形式化和科层控制所取代。

其二是学校的目标任务。学校的组织结构是为实现学校的目标任务服务的，如果学校的目标任务发生变化，组织结构也将随之发生变化。

其三是学校的办学条件。学校的硬件资源对变革效果有重要影响；学校的管理技术与手段也在影响着学校的组织结构。信息技术发展使学校组织网络化，网络化扩大了学校组织的信息资源，使学校组织结构趋于扁平化。

其四是学校的外部环境。一个组织的结构必须与它的环境相适应，组织受外部控制的强度决定组织的集权化和科层化程度，就是说组织越是由外部控制，就越可能走向集权化和科层化。

其五是学校中人的因素。学校中人的因素对组织结构的影响是客观存在的，尽管想尽量克服这种影响，但它始终是无法回避的。学校管理者及教师的文化价值观影响着学校的组织结构。

其六是学校中技术的因素。主要涉及技术体系的复杂性与常规性程度。如果认定技术体系是复杂的，那么就需要高度专业化的人员，并要求决策分权化；而如果技术体系是常规性的，那么就可以通过科层程序规范技术体系。

（七）学校组织架构创新

影响学校组织变革的因素十分复杂，构建富有成效的组织结构要求该结构与组织目标、环境、技术和人员等相匹配，并平衡一些由既要秩序又要自由这一基本的组织两难问题所导致的相互抵触的力量。为实现组织架构创新，就要对学校组织结构的一般模式有所了解。

1. 学校组织结构的一般模式

一是直线型学校组织。这类组织由一位上级领导负责指挥，命令从上至下层层下达，形成直线式指挥链条。

二是职能型学校组织。在学校管理中层设教务处、德育处和总务处等分工负责的职能部门。各职能部门各司其职，在其职能范围内，直接指挥下级单位的工作，同时监督同级其他职能机构的工作。

三是直线职能型结构组织。直线职能型组织是直线型和职能型组织的结合体，具体来说有四种组织形态。

四是校总组织下设小学部、初中部、高中部等事业部，各事业部享有具体的经营管理权。

2. 结构功能的有限性

传统学校组织结构模式的弊端。传统的学校组织形式在不同程度上都反映出了其结构功能的有限性。如直线型组织。

因为结构简单只适用于小型学校；职能型组织由于存在不同职能部门的多重指挥而容易产生冲突；事业部型组织存在的重复设置管理机构、人员的情况，会造成学校管理成本增高等。我国现行主要的学校组织形式是直线职能型组织，即实行"校长—职能部门—年级组、教研组—备课组—教师"的四级管理体制。虽然几经变革，但依然没有能够摆脱其局限，具体表现在以下几方面：

其一，组织层次过多，工作效率低下。高耸的金字塔形组织结构，层次过多，导致信息的流通延缓和失真，影响工作效率和工作质量。

其二，缺乏沟通，容易造成冲突。不仅上下层职能部门之间缺乏沟通，平行组织之间也缺乏一定的横向交流与协作，各职能部门之间易产生冲突。

其三，管理重行政事务，轻教学事务。直线职能型组织在组织的科层取向与专业取向之间更易倾向于科层取向，由于学校规模扩大，组织中的集权化加强，如此，教研组的职能便不能得以有效发挥。

其四，职能部门干预多，实体缺乏自主权。在这种学校组织结构中，年级组和教研组不是相对独立的基层管理实体。职能处室对年级组和教研组的管理干预过多，而年级组和教研组因缺乏必要的自主权而导致工作积极性差，管理效率低下。

3. 学校组织架构创新动向

由于国家多项政策因素的强力推动，学校的规模呈扩张趋势，传统的四级科层管理体系的直线职能型组织无法适应大规模学校的有效运行，组织架构亟待创新。

（1）组织架构创新的重点。当学校组织规模扩张时，学校会设置"年级组"（或"年级部"）来分担学校中层机构的任务。而年级组和教研组由于在科层性和专业性所具有的取向不同，又难免会存在摩擦和冲突。在一些组织运转不够协调的学校，年级组认为教研组是一个教学研究组织，不具有行政权力，无权评价教师工作；而教研组则认为年级组由同一个年级的各个学科教师组成，没有学科专业性，因此，将年级组和教研组对立起来。事实上，年级组与教研组，不应该也不可能被偏废。学校组织变革之中，如何确定教研组、年级组在整个组织架构中的位置，找到纵向控制和横向协调之间的平衡点，是当前学校组织架构创新的重点。

（2）组织架构创新的模式。就学校组织结构来说，变革要符合组织结构的扁平化趋向，又要达到组织中科层取向与专业取向的融合。因此，可以尝试建立组织的矩阵型结构，既保持学校组织原有的纵向直线职能结构，又以年级组作为横向交流与协作。具体而言，就是做到教研组与年级组的有机结合：纵向以学科为导向，由教研组长实施管理，缩短教师与校长之间的距离，使校长直接了解教学动态，教师直接体验校长的决策智慧；横向按年级进行组织，由年级组长实施管理，设立备课组，加强跨学科之间的教学协作。

（八）学校领导体制改革

通过对"校长负责制"问题的分析，可以理清解决问题的线索和思路。具体而言，为进一步完善"校长负责制"，可考虑做出如下调整与变革。

1. 大力提高校长合法收入水平

针对现行校长负责制之下，对校长激励不足的问题，应该考虑较大幅度提高校长的合法收入水平。这一举措的合理性在于：一方面从"高薪养能"出发，为招揽合适的校长人选，就必须给校长以较高的工资与福利待遇。对办好一所学校而言，校长起着极其关键的作用，故校长职位对入职者教育水平尤其是管理素养的要求，也远远高于对一般教师岗位的要求。相应地，这就要求给予高素养的校长人选以明显高于一般教师岗位的工资和待遇。另一方面，从"高薪养廉"出发，给予校长较高的工资福利待遇，既可解除校长入职后为生计所困之忧，又可从一个侧面，有助于降低甚至免除其贪渎之心。至于校长的收入水平，可比照与校长同等年资的教师和国企管理人员的正常收入水平加以确定。考虑到校长与国企经理人员工作性质、劳动投入和管理风险的差异，本文认为：校长的合法收入水平，可在上述两类人员之间确定一个合理的"中间值"较为妥当。其实，国内有些地方如上海等，也已开始对校长任用和薪酬制度加以改革，尝试实行校长聘任制、校长职级制和校长年薪制，从而有助于实质性提高校长的合法收入水平。这种做法无疑是值得肯定并逐渐完善和推广的。

2. 尝试建立中介性监控机制

针对现行"校长负责制"的监控机制问题，应考虑建立一套稳定长效的校长权力约束机制。管理理论与实践都表明，真正有效的权力约束，只能是通过直接有力的外部监控机制的有效运作才能实现。

为进一步推进校长负责制改革，可在借鉴上述国内外相关经验的基础上，建构一种新型的公立中小学领导与管理体制。具体内涵包括以下内容：

（1）建立新的外部决策机构。这种机构的名称并不重要，但其组成人员除校长、教师代表外，一定要有学校外部人员加入其中。具体成员可包括教育主管部门官员、家长代表、社会贤达或捐资助学的热心人士等，以确保校长无法轻易操控该机构的所有人员。

（2）由新机构行使学校最高决策权。其具体职能包括，负责学校发展过程中的重大问题决策，协助教育主管部门确定校长人选，筹措学校发展所需资金，决定学校重要人事和经费问题，以及监督校长的日常管理行为等。

（3）校长为该决策机构的执行人与学校日常事务管理者。校长具有学校决策参与权，并负责学校日常管理工作，但必须执行该机构做出的所有决定，并向该机构报告工作。这样，现行公立中小学内部领导体制就会发生几个显著变化：即在决策体制上，从首长负责制转向委员会制；在监督机制上，则从内部监督为主转至外部监督为主；其法定代表人，也将从校长变为新设立的最高决策机关。由于这种新体制具有"一校一会"的特点，故能对校长行使权力起到直接约束作用。

3. 依法保障学校办学自主权

从世界范围内看教育现代化的历史进程，现代化的教育应该具备如下特征：一是实现教育权的国家化转移；二是建立体系完备的学制系统；三是实现教育内容的世俗化；四是奉行教育的宗教中立原则；五是遵循教育的政治中立原则；六是实现教育管理的法制化。据此观之，我国在教育现代化的征程上仍有较长的路途要走。具体而言，近年来，一些地方政府借各种理由，逐渐剥夺学校在经费使用、人事聘任和教育教学安排等方面的合法权益，不断压缩学校自主办学的空间。这就要求：一方面，政府必须依法行政，尤其是要依法保障学校的办学自主权，在履行依法、及时、足额投入充足教育经费的前提下，确保不侵害学校在教育教学业务活动、人事管理和经费使用等方面的自主权利；另一方面，政府应该考虑到学校作为专业机构的自主性要求，真正加快转变职能的步伐，在保障学校正确办学方向的同时，尽量减少对学校内部事务的不当干预和控制。

第四节 学校管理工作的理念与文化营建

一、学校管理理念

学校管理理念是指校长对客观存在经过思维活动而产生的管理学校的意识或信念。学校管理理念决定着学校的发展方向，引导学校在坚持一定客观标准的前提下，选择学校管理行为，体现管理价值。[1] 在学校管理理念的积淀过程中，越来越多地体现民主、权利、合作、人本等精神，反映了学生发展的基本规律。正确的学校管理理念是学校取得成功的基础，对学校管理起着重要的导向作用。一所好学校需要一位好校长，而一位好校长需要有现代的、人性的、科学的管理理念。

（一）学校管理理念与管理工作的关系

好校长的最重要条件在于具有科学的管理理念。

学校管理理念是指校长对客观存在经过思维活动而产生的管理学校的意识或信念。学校管理理念决定着学校的发展方向，引导学校在坚持一定客观标准的前提下，选择学校管理行为，体现管理价值。

学校管理工作如果没有正确的管理理念就会迷失方向，所以，学校管理的失败首先表现在学校管理理念的混乱，这种混乱不仅会造成管理资源的浪费，而且会直接殃及人才的培养。以往，许多学校领导者并未对学校管理理念引起充分的重视，片面地认为管理理念是"软指标""看不见""摸不着"，重不重视学校管理理念并不会影响学校管理工作的效果。其实不然，学校管理理念是学校管理理论在学校管理实践中的反映，并可以丰富学校管理理论。正确的学校管理理论是对学校管理实践的系统概括和总结，是学校管理规律的反映。因此，学校领导者必须具备正确的学校管理理念。

（二）学校管理理念的变革

首先，在对学校领导者与教师关系的认识上，由"主被动"关系向"双主动"关系转变。学校管理学的研究曾经一度中断。《中华人民共和国教师法》从法律角度明确了教

---

① 张东娇：《学校文化管理》，教育科学出版社 2013 年版。

师在学校管理中的地位和作用，重新确认了学校领导者与被领导者的民主平等关系。由于对学校领导者与被领导者关系认识的转变，被领导者在学校管理过程中改变了以往作为服从者的被动局面，成为主动参与管理的决策者和监督者。

其次，在对学校领导者行为的认识上，由绝对权威向相对权威转变。受对学校领导者与被领导者关系的传统认识的影响，学校领导者曾被视为权力的象征，由此认为管理就是领导者对权力的运用。这种认识是将权力等同于领导者的权威，将权力作为领导者的私有物的结果。随着社会的发展、知识的普及和民主理念的深入，管理被视为服务，被看作为被领导者提供发展机会的行为，这种认识指明了领导者的职责以及领导者与被领导者之间的平等合作关系。进一步研究表明，领导者权力的大小，不仅取决于领导者所拥有的权力的大小，还取决于领导者个人的素质以及学校的内外环境等多方面因素，其中包括被领导者的成熟程度、学校的人际关系等。因此，学校领导者的权威是相对的，学校领导者要拥有较高的权威就要综合处理影响领导者权威的各种因素，使其形成整体效应。

再次，在对学校管理要素潜能的认识上，由量的挖掘向质的发现转变。开始，人们对学校管理要素的认识仅仅是停留在人、财、物上；后来人们逐渐发现除了人、财、物之外，时间、空间、信息也影响着学校管理工作的效果。例如，学校管理工作是以时间为流程的，不科学安排时间，不做好工作计划，就会导致工作无序，杂乱无章。又如，学校是一个开放的系统，学校的地理位置、周边环境、校园设计及美化与绿化、学校人际关系、组织气候等，均影响着学校工作的有效性。在对学校管理要素的量有了新的认识后，人们对每个要素的作用以及相互之间的关系也有了较为深入的研究。人们认识到各种要素都是学校管理的资源，资源是客观存在的，可以被人们科学地开发与利用，管理的目的就在于挖掘各种资源的潜力，使之形成合力，为实现学校的培养目标创造条件。因此，人是各科要素的核心，其他要素的管理都是为人的管理服务的。在这方面，管理学家杜拉克（Peter F. Dmcker）做过深刻的阐述。在学校管理活动中，人力资源包括领导者、教职工、学生、学生家长等许多方面，要挖掘人力资源，不仅要调动被领导者的积极性，而且要激发领导者自身的积极性。人之所以是学校管理中最珍贵的资源，主要原因在于无论是领导者还是被领导者，都是拥有知识资本的管理主体，他们能够依靠知识审视、评价、判断、选择、参与学校各项管理活动，协调个人与学校组织两者之间的关系，并促进学校在动态管理过程中不断向前发展。最后，在对学校管理职能的认识上，由维系学校组织权力向创建学习型组织转变。受古典管理理论的影响，传统的学校管理比较偏重于研究学校设置什么样的组织机构才能发挥学校管理的作用。这种研究的局限性在于未能从实质意义上认识组织的职能，因此，无论怎样改变组织结构，都不能充分发挥学校管理的作用。20 世纪 90 年代以后，彼得·圣吉（Peter Senge）等人系统阐述的学习型组织理论对组织职能的认识有了新的飞跃。这种理论认为，现代组织应是学习型组织，学习型组织的基本特征在于扁平化、开放性以及不断学习。彼得·圣吉之所以倡导创建学习型组织是因为他认为人们从心底深深地渴望真正的学习，学习型组织能让大家在组织内从工作中活出生命的意义。学习型组织理论从人的内在需要潜能出发，认识组织的职能，倡导组织的作用在于为发挥人的创造性并实现其渴望学习的生命价值创造条件。这与从组织权力的角度冷漠对待人的理性与情感，片面追求管理效率的态度相比，无疑是极大的进步。

（三）学校管理理念的发展态势

学校管理理念是引领学校管理成功与失败的价值基础，学校管理理念变革的历史轨迹表明，学校管理正在向着以人为本的方向发展，任何人都无法阻挡这种变革的必然趋势。

1. 由控制走向合作

"管理是什么"是管理学科发展的逻辑起点。西方学者从不同的角度对这一问题做出解读。有的从管理的职能来界定管理，认为管理就是决策，管理就是领导；有的从管理对工作、社会、经济的作用来界定管理，认为管理就是生产力，管理就是生命线；还有的从管理对人的作用来界定管理，提出管理就是促进和提升人的积极性与主动性，张扬个性，等等。这些都成为实践中对学校管理进行研究的重要理论支撑。但无论是从公共性还是从有效性的角度思考，都应当改变那种将学校管理等同于一般管理的预设，而应去积极认识学校管理的自身价值。[1]

虽然控制是管理的一项重要职能，但它不是管理的全部。通过强化某一职能特别是通过强化控制职能来突出管理的作用，则忽视了管理不可或缺的体现人性特征的合作属性，忽视了领导者与被领导者的行为价值。从控制走向合作的学校管理理念，是针对重古典管理理论的控制职能、轻现代管理理论的工作职能而导致的。因为学校领导者对被领导者的机械控制是有违人本精神的，是权力与权利倒挂的权力本位理念的膨胀。为此，需要转变基于控制职能而引发的对学校管理要素的束缚，使被领导者得以充分的发展。

束缚式管理可谓强调控制职能的衍生性管理行为，在一定程度上会限制学生个性的自由发展，限制教师的专业发展。学校管理对师生的束缚其原因是多方面的，包括经济的、政治的、文化的等诸多因素。束缚式管理与人本管理理念不相符合，也因其不尊重师生而受到质疑。现代学校管理应当为师生提供更多的发展空间，为使他们发展的可能性转化为

---

① 李冀：《教育管理词典》海南人民出版社 1989 年版。

现实性创造条件。人的发展包括自然性的发展和社会性的发展，人的和谐发展包括人自己的和谐发展、人与自然的和谐发展、人与社会的和谐发展。现代学校管理应克服各种困难，摆脱传统管理方式的束缚，促进人的全面发展，达到社会和谐发展的目的。

2. 从割裂走向融合的学校管理理念

从割裂走向融合的学校管理理念，是针对权力本位的世俗观而导致的学校领导者与被领导者相对立的管理价值重构。为此，需要转变基于权力本位而引发的责任缺失，使领导者从权力的阴霾中走向责任的净化和张扬；需要对权力的来源进行归位，使领导者明晰与被领导者的融合是正确运用权力的必由之路。

中国的传统文化就有以"人"为本、推崇"和为贵"、强调"天时、地利不如人和"的管理理念。在现代管理中，"人和"精神已经成为基本的管理理念，由此理解的领导者与被领导者在学校管理中的地位是平等的，二者不是施与与接受的关系，也不是利用与被利用的关系。与融合管理理念有关的，诸如动态的、系统的、权变的、集成的、演进的学校管理理念层出不穷，但以等级制度控制为基础而导致的领导者与被领导者的割裂还未能远离学校管理的常规过程，平等、民主的融合精神未能在学校管理中根深蒂固。因此，学校管理正在试图增加人与人之间的对话契机，强化参与管理的制度建设。

以融合的管理理念引领学校管理，可以为实现管理文化、管理人员之间的融合与发展创造更多的条件。因为融合是在通过领导者与被领导者的民主共进而追求管理的效益，保障学校成员的权益。

从权力走向责任的学校管理理念。权力与责任关系的确立是学校领导者正确行使权力的关键，也是学校领导者有效协调人与人关系的基础。因为学校领导者的权力来源于被领导者的权利。那么，学校领导者如何将权力服务于权利是学校领导者权力观的现实体现。正是基于对这一原则性问题的反思，现代学校管理才将提高权力的时效性落实在责任的基点上，力图在责任意识与行为的规约中提升权力的可信度与亲和力。

但在学校管理中权力与责任并不是始终协调的。因此，有人认为：责任是控制权力的手段并应成为道德信念。虽然古典管理理论指出责任是与权力相对应的理念，但是，权力与责任的分离在学校管理中还比较普遍。有的学校领导者，往往把权力掌握在自己手中而把责任推给制度体制或者他人，运用公共权力牟取私利，这种情况不仅是对责任的回避，而且是对责任的挑战，即将责任作为权力的对立物，将权力无政府化。

学校管理中的责任存在会表现于不同的情况：一是由于学校领导者的作为存在而导致责任存在；二是由于学校领导者的不作为存在而导致责任存在；三是由于学校领导者的错误作为而导致责任存在。无论是哪一种情况，都会对学校管理产生负面效应，给学校工作带来损失。学校领导者的责任是行使权力的起点，无责任就无权力，这是学校领导者应当树立的信念。从责任的基点出发建立学校管理制度将有助于构建一个新的学校前景，凸显现代学校管理的精神实质。

学校管理理念要体现促进学生发展的价值，就要寻找到实现这一价值的路径。这就需要思考学校管理理念如何与学生的心灵沟通，如何引导和激励学生内心世界的发展。

（四）学校管理理念与学生心灵沟通的意义

1. 学校管理理念引领与激励学生内心世界的发展

学生的心灵是指学生的内心世界，体现着他们向往的一种精神。中小学生正处于发育的关键时期，他们的内心世界简单而淳朴、炽热而真诚、浪漫而阳光。在他们踏入学校之前，学校生活对他们来说是神秘的，也是令他们期盼的。当他们迈入学校的大门，便有了一种微妙的成就感，他们开始以学生的视角认识自己，感受学校生活。因此，学校的一切都在与学生的心灵碰撞着。通过碰撞，学生开始重新认识学校，重新认识自我。慢慢地，他们的心灵会在学校生活的渲染中，或更加阳光灿烂，或陷入冲突迷惘，或嵌入瑕疵污秽。而学校管理理念以管理的意识和思维影响着学校的行为，有什么样的学校管理理念，就会有什么样的学校行为。那么，作为校长就需要以阳光的理念为指导，为学生提供一个使他们的本真得以升华的阳光环境，引导和激励他们在与内心世界同步共生的环境中茁壮成长。所以，学校管理理念不是装点学校的道具，而是学校生活的缩影。学校管理理念要体会学生的内心感受，能够与学生心灵沟通。

2. 学校管理理念为校长的责任与学生的权利架起桥梁

学校管理理念以与学生的心灵沟通为起点，是校长义不容辞的责任。因为学生是学校存在的基础，没有学生的存在就没有学校的未来，而有了学生就赋予了校长领导学校的权力及为权力承担责任的双重使命。也就是说，校长与学生的关系是责任与权利的关系，这种关系存在的基础是学生的应有权利得到保障，否则，校长就要对权力的失误承担必要的责任。这也是从控制走向合作，从割裂走向融合，从权力走向责任的学校管理理念的具体反映。但是，对于校长与学生之间责任与权利关系的认识并不是普遍的。在片面地认识学生与校长之间的关系过程中，学校管理理念的确立还会出现机械化、成人化、政绩化等非理性行为，进而导致学生对于理念的淡漠，学校对于理念的架空。对校长来说，虽然承担着责任与权力的双重使命，但责任是第一位的，是重于权力的。对责任的正确认识，是校长正确行使权力的前提，也是有效协调与学生之间关系的基础。校长只有坚守责任的理念，才能妥善处理校长与学生之间的关系，实现人性化的管理。

（五）学校管理理念与学生心灵沟通的路径

1. 以尊重学生的人格为基础凝练学校管理理念

尊重学生的人格是国际社会追求和倡导的学校管理理念之一。这一理念不仅有着心理学上的依据，也拥有法理学上的支撑。学生在作为学生之前，首先是一个人。作为人生活在社会上、生活在学校中，需要得到尊重，包括尊重他们的身心发展规律，尊重他们的受教育权，尊重他们的个别差异。学生能够被尊重是他们在成长过程中的内在需求和发展起点，这种尊重能使他们对自己充满信心，体会别人的关爱，由此形成尊重自己、尊重别人的态度和习惯。

尊重学生不仅是学生发展的需求，也是学校管理行为的出发点和归宿。使学生能够体会到，尊重与合作是共同进步的基础。

2. 以体现学生的年龄特征为要义表述学校管理理念

学校管理理念需要显性化，即需要校长根据学生的年龄特征，以简明易懂的语言将学校管理理念表述出来。但受学生年龄特征的影响，不同层级的学校在管理理念的表述上是有区别的。所以，学校管理理念不是写在墙上的口号，而是理解学生，为了学生成长的真诚信念。这种信念不需要学生的记忆和背诵，仅仅是为了学生的体验与感受。体验来自理念辉映下的环境渲染和行动过程，学生可以在理念营建的氛围与过程中体验学习的艰辛与快乐。感受来自学习汲取的知识营养和精神食粮，学生可以在广阔博深的知识海洋中提升自我、纵横驰骋。

目前，学校管理理念的表述是异彩纷呈的。从其语句来看，有长有短，有多有少。有的学校的管理理念可能是几句话；有的学校的管理理念可能是几个字。从其语义来看，有不同的倾向性。有的学校的管理理念关注学生的品德修养；有的学校的管理理念关注学生的学习志向；有的学校的管理理念关注学生的人格特质。从其来源来看，有的学校的管理理念来源于校长对人生经历的体验；有的学校的管理理念来源于学校的实际问题；有的学校的管理理念来源于学校发展的需求。但无论是怎样的学校管理理念，都应以促进学生的发展为出发点。这样一来，简明、概括、童真、阳光等特征则成为学校管理理念的表述所要追求的共同特性。

学校管理理念的表述要经历一个不断完善和逐渐提升的过程，因为学校的发展是一个动态的过程，对学校管理理念内涵的认识也是一个不断深化的过程。在这一过程中，学校师生共同理解、揭示、凝练、诠释学校管理理念的内涵，使校园管理理念能最准确、生动、简洁地反映学校的育人宗旨，反映学生心灵的期盼。

3. 以付诸行动为目的呈现学校管理理念

学校管理理念是学校管理行为的先导，学校管理行为是学校管理理念的反映。有了适合学生身心特点的理念可能使学生健康成长；缺少适合学生身心特点的理念则可能催生阻碍学生健康成长的环境。学校的一切管理行为都是在理念的引领下有目的的行动，没有理念会导致学校的盲目管理，错误的理念会导致学校管理的失误。所以，学校管理理念一定是先于及上位于学校管理行为的。但值得注意的是，理念并不能代替学校管理行为，它只是学校实施正确管理的前提，理念还需要在学校管理过程中付诸行动。

学校管理理念付诸行动是与学生心灵的主动沟通。因为理念的表述只是为学生提供一种直观的感性认识，对于这种认识的深化或感染还需要通过学校的各项活动来完成。

二、学校管理工作的文化营建

学校管理文化是指在学校管理过程中凝聚的，反映学校成员共同价值观体系的学校精神财富与物质财富的总和。学校管理文化可以使学校独具特色，区别于其他学校。学生的成长、教师的发展，都要求学校管理重视文化建设和革新，营建和谐的师生关系和有价值的环境空间。学校是培养人的场域，促进学生的发展是对学生的终极关怀。而要关怀学生，就要懂得学生，要懂得学生就要营建为学生服务的学校管理文化。

（一）学校管理文化的内涵

学校管理文化是指在学校管理过程中凝聚的，反映学校成员共同价值观体系的学校精神财富和物质财富的总和。学校管理文化可以使学校独具特色，区别于其他学校。学校管理文化不是抽象的，既可以通过学校领导的作风、教师的教风、学生的学风被学校成员体验和描述，也可以通过制度文化得以链接，更可以通过各种有形的、无形的学校环境表现出来。诸如，学校理念、校训、校徽等，都不同程度地反映着学校的价值标准，构成学校管理文化的重要组成部分。

（二）学校管理工作文化方案制订与落实

1. 学校管理工作文化方案的制订

（1）制定主体。学校文化建设是一个多元主体的多维互动过程，学校发展相关的所有利益人群都有可能成为学校发展与变革的策划者、推进者或破坏者、参与者或逃避者。其行为态度、日常生活实践内含在学校变革之中，因而会被学校改革所吸收、容纳并成为学校变革不可忽视的构成之一，对学校变革产生不可忽视的影响。在三方合作与学校文化驱动模型中，人们把学校文化制定主体分为两部分：关键主体和次要主体，也可以称为内部主体和外部主体。①

①关键主体。关键主体亦即学校内部主体，包括学校所有的教职员工和学生。他们是生活和工作在学校的能动主体，最了解、热爱学校，在这个社会上对这所学校组织承诺水平是最高的群体。他们也是学校文化的建设者和变革者，是学校发展的内部动力和源头。其关键作用表现在两个方面：学校管理工作文化方案制订过程的主人——没有他们的参与和认同，再好的方案都是零；学校管理工作文化方案执行过程的实施者——没有他们的行为和落实，什么样的方案也是零。

②次要主体。次要主体指与学校发展相关的利益人群，包括学生家长、周边社区人员、教育行政部门、大学专家团队、校友等校外公众。无论其参与程度多么深入，指导力量多么强劲，因为属于学校发展的外因，故在学校发展的协助意义上称其为学校管理工作文化方案制订的次要主体。这些次要主体为学校发展提供的助力是：大学专家团队反复倾听学校需求，与学校反复沟通，完成学校文化发展策划方案。尽管是执笔者和策划者，但毕竟只是学校意志的表达者和代笔者。合适的想法和点子须经过学校同意才可进入方案。教育行政部门经常是学校中长期发展规划制订的发起者、督促者、监督者和评估者，无法对学校起替代作用。教育行政部门是依法行政主体，学校是依法办学主体，不合理的行政意志也不能随意强加。家长和社区人员通过参与学校管理工作文化方案制订贡献智力资源，同时为学生活动提供力所能及的社会资源和平台。校友是学校的独特财富，可以为学校的发展提供政治、经济、文化等社会资本，延展和增加学校在社会关系中的社会资本半径和能量。

（2）制定原则。在实践过程中，人们应该从怎样的视角和高度来考虑、制订和策划一个学校的文化建设方案？凭借多年来的项目实践经验，笔者认为应该遵循以下三大原则：

①联结通达。联结通达原则指学校管理工作文化方案的制订需要横能联结左右，纵须上下通达。横向联结需要把教师文化、学生文化、管理团队文化、家长文化与社区文化等亚文化的基调联结成为一体。纵向通达是要把学校文化发展的历史状态、现实状态、未来方向贯通考虑，把当下社会意识形态与国际文化背景这些宏观环境与区域文化和学校微观环境贯通考虑。

学校文化冲突引发的主要影响因素分为学校内部因素与学校外部因素。学校内部的四

---

① 戴旻：《增强高校思想政治工作的文化力量》，载《产业与科技论坛》2019年第18卷22期，第277-279页。

个不同群体特有文化分别为：教师文化、学生文化、家长文化和管理者文化；学校外部的主要影响因素为东西方文化的相互渗透和社会经济意识形态的影响。在后期还加入了社区文化这一因素，体现社区作为影响学校文化发展的一个关键群体；并以学生文化为核心，教师文化和管理者文化为学校内部文化，家长文化和社区文化为学校文化的延伸之关系。通过对学校文化冲突影响因素的分析，应当在制订学校管理工作文化方案时充分考虑这些影响因素及其相互关系，做到联结通达。

②多元协调。多元协调指学校管理工作文化方案的制订过程由多个主体参与，需要平衡利益相关者的建议和意见，集思广益，群策群力。以修正后的灯笼模型为基础，方案策划必须以学生发展为核心，首先考虑学生健康成长的利益和教师专业发展的利益。为此，必须处理好与家长和社区的关系以获得良好的声誉和支援。国家教育政策和教育行政部门的要求是文化方案制订的基本依据。大学专家团队是和学校没有高相关利益和高风险关系的第三方，他们的建议直接有效，理性高位，透彻完整，是学校管理工作文化方案策划的重要力量。

多元协调原则的第二层含义指学校管理工作文化方案的制订遵循人与物、事与理相互协调的原则。多样性和丰富性是文化所鼓励的，但必须是一个逻辑体系展开后的协调多元，避免无序杂乱多元带来的管理纷扰。

③系统完整。系统原则指学校管理工作文化方案的制订过程是大学专家和中小学校长共同系统学习的过程。学校文化驱动模型试图带给校长的是能够系统思考学校发展的方法论和认识论工具，而不仅是学校文化的知识和操作技术。掌握了系统思考学校发展的方法论，学校做的每一件事情都是在做文化，否则，做的每件事情就仅是在做每件事情而已。完整原则是指学校管理工作文化方案策划内容必须是完整的两个部分或四个部分，即学校办学理念体系（学校精神文化部分）和办学实践体系（包括制度文化、行为文化和物质文化部分），逻辑有序，语言表述风格一致。

（3）制订过程。学校管理工作文化方案的制订过程是一个多元主体参与的梳理、斟酌、研讨、设计学校办学理念体系和实践体系的过程，也是学校发动力量、动员社会资本、全员战斗增加凝聚力的过程。对学校发展来说，这是一个重要的关键事件。其制订过程可归纳为四个环节10个步骤，其中四大环节分别为：完成方案、转成规划、群体研讨、大会通过。

①完成方案。学校管理工作文化方案的完成是学校文化驱动模型的干预策略和变量之一，也是合作项目的成果形式之一。在三方合作模型中，方案的完成涉及三个步骤。

步骤1：专家介入。教育行政部门成功引入大学团队后，大学团队将其成员分派到项目学校，每个项目学校至少有一名专家，一名研究生助手，有的还会有一名教研员，共同组成学校文化建设协助小组进入学校开展工作。协助小组任务明确：与项目大团队一起共同诊断学校文化发展状况，完成学校文化建设方案。在整个活动过程中，教育行政部门领导与管理人员也直接介入其中。

步骤2：组建小组。参与项目的学校成立学校文化建设小组，校长亲自挂帅。成员数量依据学校情况而定。除了学校确定的人选外，专家小组成员也要加入这个小组。学校文化建设小组是学校管理工作文化方案制订的核心力量，主要负责对学校管理工作文化方案的撰写、沟通及相关材料的收集。

步骤3：形成初稿。在以往的项目中，通常用六个月左右的时间完成学校管理工作文化方案初稿，是由大学专家执笔，反复与校长和学校沟通，与文化建设小组协商讨论而形成的一份立意较高的系统、完整的策划文稿。需要说明的是，如果校长和学校不需要专家的协助而能够独自完成这个工作更是值得鼓励和提倡的。大学专家介入不是必要条件。

②转成规划。步骤4：转成规划指学校管理工作文化方案转换成学校发展规划的过程。与国家中长期发展规划和文化强国政策步调一致，教育行政部门在制订中长期发展规划方面对学校有硬性要求。建议项目学校做学校文化主题的发展规划，这需要把学校管理工作文化方案转化为学校发展规划。这种转化很简单，一是按照要求进行格式转换，目标清晰；二是把文化方案的办学实践体系部分落实为具体的行动方案，有时间节点、有负责人、有可交付的成果形式，等等。同时，需要制定制度文化、行为文化和物质文化建设等多个具体的子行动方案。

③群体研讨。无论是学校管理工作文化方案，还是文化主题的学校发展规划，学校文化建设小组负责拿出的初稿只是一个靶子，需要交付全体学校成员和校外相关利益群体讨论。讨论时间一般可以持续几个月到半年。

步骤5：教师讨论。学校文化建设小组成员分头组织教师参与研讨，并仔细收集信息。以学科组或年级组为单位均可。每个教师都必须发表意见和建议，尤其对课程文化、教学文化、研究文化和课堂文化、学生文化建设方面的建议。

步骤6：学生研讨。班主任组织学生参与讨论，尤其是学校仪式、典礼、学生活动等与学生生活学习密切相关的地方，让学生发表意见。学校文化建设小组收集好所有定量和定性数据。

步骤7：家长社区研讨。学校邀请学生家长和社区代表参加学校发展规划或文化方案研讨会，做好录音和记录。

步骤8：整理方案。学校文化建设小组收集好上述的数据之后，对学校管理工作文化方案或发展规划做修改和补充工作。这个工作会反复进行多次：征求意见—修改—再征求意见—再修改，直到全校成员比较满意，形成学校管理工作文化方案的定稿。

步骤9：学校管理工作文化方案或学校发展方案定稿后，在教职工代表大会上宣读并通过，成为指导学校发展的纲领、指南和行动方案。接下来就要付诸实施了。

步骤10：调整方案。以上所述是学校管理工作文化方案制订的基本流程和步骤。当学校管理工作文化方案付诸实施后，根据实践信息还需要进一步修正、调整和完善。可见，学校管理工作文化方案的制订是螺旋反复的改进过程，凝聚了集体智慧。

2. 实践体系策划要领

一是逐一策划。按照所选择的几个领域逐一展开。每个工作领域都是学校核心价值体系落实的阵地，这些工作领域可以称为策划点。

二是表述原理和规律。策划思路的表述可以多种多样，没有一定之规。每个策划点建议用这样的逻辑展开——思路清晰，而且容易为学校接受：学校原有或目前的经验做法的呈现、本文的建议及其阐释、选择这个主张的理由和依据。

三是管理上的融通。自信或赏识课堂。针对师生缺乏自信的现实，注重把自信作为主题词直接转为课堂文化特征。或者从赏识角度培养自信也可以，叫赏识课堂，学校可以自己讨论和选择。建议分别制定教师课堂行为标准、学生课堂行为标准，回答和落实什么样的课堂是自信课堂的问题。

（1）理念的宣传与认同

学校认同的形成机制是怎样的呢？从文化与认同的关系来说，文化的基本功能之一就是为人们提供了彼此认同的符号系统。这些符号从信仰、知识、语言、历史一直到外在的行为习惯、衣着、发型等。两个来自同样文化传统或文化模式的人共享一套符号系统，彼此有一种基于共同文化的肯定、承认、欣赏或亲切感。学校文化与学校认同的关系是由文化与认同的关系派生出来的，是文化与认同的一般关系原理在学校生活领域的具体体现和应用。对于现实中的学校师生员工来说，学校认同并不是生来就有的，而是在学校活动中逐渐产生和培育起来的。但值得注意的是，师生员工在学校中学习工作，并不一定产生学校认同，学校认同的产生受多种因素影响，它与在校时间长短并没有直接联系。有的学校领导、教师或学生尽管在一个学校生活了较长一段时间，依旧不能对这个学校产生很好的认同。他们不仅在观念上缺乏对学校及其文化的正确认识，在态度、感情上更缺少一种肯定、接纳、欣赏甚至主动融入，在行为上也会不断出现一些偏离学校文化理念的情况。还有一种现象，即一些师生员工尽管已经有了一些学校认同，但这种认同可能并不强烈，或者不是对学校核心价值体系的认同，只是对学校文化的外在部分如学校环境文化的认同等。

学校的核心价值体系是学校文化的灵魂，应体现在学校工作的方方面面，为全体师生员工所熟悉、理解、实践。学校认同最重要的就是对学校核心理念的认同。当年陶行知先生所创办的晓庄师范学校堪称成功培育这种认同的典范。如果一所学校尽管有很好的核心价值观和核心价值体系，但是不注意或者轻视宣传，仅仅停留在学校领导团队的脑子里和学校的文件上，就发挥不了凝聚人心、强化认同的作用。因此，通过进行学校文化理念的内部和外部宣传，不断培养、促进和强化学校全体师生员工和社会公众对学校的认同，是一项很有必要并且需要长期坚持的工作。

理念的形成与认同是指利用各种手段，向学校公众和社会公众积极宣传和营销学校文化建设方案，尤其是办学理念体系部分，形成学校内部全体成员遵守的、稳定的、获得社会公众认同的核心价值观，强大学校文化的力量，使学校文化向着更高的学校文化光谱地带前进。让学校全体成员和社会公众明白：学校将要做什么和可以预期的效果如何。

（2）宣传的内容。以一个学校文化策划方案来说，宣传的内容主要是学校文化概念和学校核心价值体系（即学校精神文化体系）——从学校核心价值观到学校标志等的阐释。其实，这项工作在全体员工多次参与方案内容研讨的过程中就已经开始了。方案的研究者、执笔者和学校管理者都明白这样的道理：决策的重心越低，执行的力度越大，阻碍就越少。但是，在之前参与制订文化方案的过程中，各类公众的参与具有片段性和动态性，内容的不确定性和变动性也会很大。宣传的目的是让大家形成关于学校理念体系及其实践操作结构的完整的印象，消除分歧，获得一致的认同，提高学校的凝聚力、知名度和美誉度，从而形成有利的社会舆论和文化形象。

（3）认同的策略。认同是指个人与他人、群体或模仿人物在感情上、心理上趋同的过程。对学校文化理念的认同指学校全体成员和外部公众对于学校精神文化体系及其实践操作结构由不了解甚至是怀疑，到逐步接受、信任，并最终愿意为学校文化建设承担责任，付出自己努力的过程。学校管理工作文化方案制订的重心越低，参与的人越广泛，宣传就越容易，认同程度就越高，执行起来难度也越小。上文提到的学校管理工作文化方案制订的四个环节10个步骤已经为此奠定了很好的基础，但是在方案确定后还是需要制订单独的理念宣传方案，寻找认同策略。

①制成学校文化手册。书面媒介宣传是学校理念宣传的重要途径之一，主要形式包括：学校内部刊物，如新闻通讯、师生报刊等；墙报、板报、橱窗等；信息手册——文化宣传手册、员工手册、迎新手册、培训手册等；学校领导者用于接受师生员工的意见、评论和建议的意见箱；信函；标语和公告；调查问卷等。使用学校出版物进行宣传是重要的

信息传播手段，宣传材料的管理原则是：了解读者，面向目标公众，从公众阅读兴趣和心理需要切入内容；尽量节省印刷费用；保持均衡的版面；讲究设计，适当配图片等。书面媒介相对于口头、视听媒介来说，其优势在于宣传材料等便于携带和保存，目标公众在阅读文字材料时，可以根据个人需要精细阅读或快速浏览，便于目标公众更为准确地理解学校核心理念体系的内容和结构。这里重点说说学校文化手册。

学校管理工作文化方案不仅是行动指南，同时也是宣传和营销学校的工具。方案不仅可以转换成为以文化为主题的学校发展规划、校长公开场合的发言稿等，也可以制作成为学校文化手册。名称可以是学校文化手册，也可以叫学校宣传册，或者以学校文化概念或口号命名均可。这个手册的内容是学校办学理念体系及其实践的宣传和昭示。手册的前面部分一定是学校核心价值观、培养目标和办学目标、校训校歌、学校精神等内容的优雅展示，后一部分是实践行动和成果展示。文化手册须制作精美，不一定很厚，但是要有分量和个性。选择较好的纸张，封面设计不可缺少的元素是学校标志、校名、手册名称等。排版合理，使用照片与文字搭配形式，精心选择代表性图片，千万不要雷同，力求全貌而经典地反映学校文化理念和实践。

②师生共同认知。学校理念内部宣传的对象是全体师生员工和学生，目的是促进其对学校文化理念体系的认同。学校认同与学校文化管理与建设之间有着直接的内在联系。一方面，对学校的师生员工来说，强烈的学校认同会产生一种共同归属感、自豪感和荣誉感，形成高水准的组织承诺水平，会由此产生一种自觉的、积极的和高度的责任感，从而形成他们勤奋工作与学习的强大动力，为学校文化管理与建设创造良好的氛围；另一方面，高度的学校认同还会增加所有师生员工相互之间的信任感，减少交流和沟通中的阻碍和问题，激发他们主动参与学校的各项活动，使得学校文化建设不仅是学校领导团队的事情，也成为全体师生员工共同为之努力的目标。

3. 方案的落实与执行

学校管理工作文化方案的落实与执行是学校文化实践推进的重要环节，即以策划的学校管理工作文化方案为蓝本和依据，分解任务，责任到人，调动校内外力量，落实学校文化建设各项工作。方案制订得再好，如果没有执行和落实，就永远只能停留在设想阶段。

（1）执行的内容。方案执行的内容即实施学校管理工作文化方案及其诸子行动方案，包括学校行为文化建设方案、制度文化建设方案和物质文化建设方案，或者这些子方案可以是学校管理、教学、课程、课堂、教师、学生、校园物理环境等各个领域的工作方案。这些方案根据需要可以分解得更细致。

（2）落实策略。在具体落实学校管理工作文化方案的过程中，有四个策略可以供学校参照使用，分别是分解分工、分期分题、细督细导、借力发力，下面具体介绍每个策略。

①分解分工。分解分工是把学校管理工作文化方案的目标和工作进行分解，把任务进行分工，责任到人。目标分解是从责任目标到工作目标的过程，可以按照层级分解的方法进行。树形图和鱼骨图是常用的分解和表达方法。学校文化建设目标分解后形成许多任务单元。工作分解即把主要的可交付的成果分解成为较小的易于管理的任务单元，由上而下，由粗到细，一直分解到最小可控单元即工作包为止，分解到每个人为止。岗位工作手册和责任图是比较常用的工作分解方法。责任图是以表格的形式表示完成工作分解结构中工作单元的个人责任的方法。分解分工策略要求清晰阐述每项任务是什么、负责人是谁、有哪些成员构成、什么时间完成、怎样完成、可交付的成果形式是什么、校长什么时候检查、负责人什么时候述职，等等。

②分期分题。文化是一条很长的路，学校文化建设是一个长期的过程，学校管理工作文化方案是一个系统阐述和设计的学校中长期发展规划，必须分期分批、主次有序地开展和进行。做到一学期一个建设重点，这个重点可以是学校文化的薄弱环节或优势项目活动，也可以是新设计的组织结构或仪式与典礼等。在系统思考的前提下，可以分主题操作。这些主题与学校工作领域完全重合，包括管理、课程、教学、课堂、教师、学生、研究、校园环境、仪式与典礼等主题。如果学校有精力，可以各负其责，同时多点开展工作。

③细督细导。良好的监督、检查和指导是学校管理工作文化方案得以落实的有力保障，否则，再好的方案也有可能成为空中楼阁。监督和检查就是对过程的一种控制，目的就是发现和纠正一切违反学校文化建设方案的行为，防止和纠正方案落实过程中的一切偏差和失误。只有这样才能保证学校文化建设方案能够在实践中得到更好的落实，各种任务都能执行到位。

④借力发力。在学校文化驱动模型中，学校可以借助多种外部社会资本长己之力。可以汲取和利用大学专家的智慧和理性资源，习得系统思考学校发展的认识论和方法论工具。利用三方合作机会，与教育行政部门建立更加有效的公共关系，提升政策水平。开展学生活动，培育学生良好的社会适应性，这里经常会用到社区资源和社会资源。

（三）学校管理工作文化营建的意义

1. 学校管理工作文化营建是学生发展的需要

学生的发展不仅包括作为生物有机体的生理发展，而且包括作为社会有机体的心理的发展，即物质需要与精神需要的满足是学生发展的两条主线。物质需要是基础，精神需要是更高层次的追求。学生在物质需要和精神需要得到满足时不仅会产生幸福的体验，而且会成为自身发展和社会发展的不竭动力。学校管理工作文化营建就是要为学生物质需要与精神需要的满足创造良好的条件，使学校管理能反映学生成长的规律，协调学生需求的内外关系。①

2. 学校管理工作文化营建是增强学校凝聚力的需要

学校管理文化营建可以更好地引导和塑造学校成员的态度与行为，使学校成员明辨是非，行为正义；可以表达学校成员对学校的一种认同感，使学校成员不仅注重自我利益，而且考虑组织利益；可以增强学校系统的稳定性，通过学校成员的行动标准把学校组织聚合起来，减少流动和降低成本。

3. 学校管理工作文化营建是创建学习型社会的基础

1972 年，联合国教科文组织向各国提出了"向学习化社会前进"的目标，今天，创建学习型社会也成为我国未来发展的奋斗目标，学校管理则在实现这一目标的过程中承担着创造机会、选择途径、挖掘资源的重要责任。学习型社会的创建以及学校管理的历史责任都要求学校管理重视文化建设和革新，为学生的成长、教师的发展营建和谐的师生关系与有价值的环境空间。

（四）学校管理工作文化营建的理论依据

人际关系理论认为：人是"社会人"，是复杂社会系统中的一员，必须以社会系统的观点来对待。人不能单纯为了追求金钱收入，还要追求社会、心理方面的满足，即要追求人与人之间的友谊，追求安全感、归属感，要求受到他人的尊重等。在人际关系理论的影响下，许多研究人及组织行为的理论相继诞生，需要层次理论、团体动力理论、社会系统理论等，都对学校管理文化的营建具有重要的指导意义。

团体动力理论的主要倡导者是德裔美国心理学家和行为科学家科特·勒温（Kurt Lewin）。勒温认为，团体有三个要素：活动、相互影响、情绪。"活动"指人们在工作和日常生活中的一切行为；"相互影响"指人在组织中相互发生作用的行为；"情绪"是人们内在的、看不见的心理活动，如态度、情感、意见、信念，但可以从人的"活动"和"相互影响"中推知其活动。团体中各个成员的活动、相互影响和情绪的综合就构成团体行为，其中一项变动会影响到其他因素的变动。团体是处于均衡状态的各种力的一种"力场"，叫作"生活场所""自由运动场所"。这些力不仅涉及团体在其中活动的环境，而且

---

① 张东娇：《学校文化管理》，教育科学出版社 2013 年版。

涉及团体成员的个性、感情及其相互间的看法。团体成员在向其目标运动时，可以看成是试图从紧张状态解脱出来。在此基础上，勒温提出人的心理和行为决定于内在需要和周围环境的相互作用〔行为是人与环境相互作用的函数，可用公式表示为：$B=f（P，E）$〕。当人的需要没有得到满足时，会产生内部力场的张力，而周围环境因素起着导火线的作用。人的行为方向取决于内部力场与情境力场（环境因素）的相互作用，而以内部力场的张力为主。同样，勒温认为，团体活动的方向也取决于内部力场与情境力场的相互作用。勒温的团体动力理论给学校管理文化的营建以较大的启迪。其一，情感活动会对人的行为产生重要的影响，是学校管理必须关注的因素。情感活动不仅包括学生的情感反应，而且包括学校其他成员的情感投入，每一个成员的情感活动都会对其他成员产生交互作用。外界的情感因素如果不能与学生的情感张力达成平衡，学生就无法摆脱紧张状态，从而会影响学生的心理发展。其二，人的情感需要对情感性环境能够体验。情感体验可以通过学校的管理活动明显地折射出来。例如，学生的主体地位是否得到尊重可以通过伴随他们的教学活动与管理活动得以证实。领导者是否对工作负责任，学生的意见是否有权利表达，学校的规章制度是否指向促进学生的发展等，学校的各种活动特别是管理活动都在自觉或不自觉地反映着一种正在被人所体验着的情感态度，并伴随着对人的行为的影响。很明显，心理环境是一个难以控制的因素，学校领导者必须理智地设计、精心地策划，努力为学生创建一个愉快、和谐、积极、健康的心理环境，使他们能在其中拼搏逾越。

社会系统理论也从宏观与微观的角度客观地分析了个人与组织、组织与社会、人与物之间的相互关系，指导人们以整体的视野和科学的态度正确认识人、组织、社会、物在学生成长中的作用。学校管理要赢得社会的赞誉，就要妥善处理各种关系，努力为学生的成长创造条件，特别是要为学生提供满意的心理环境和舒适的物理环境，使学生能够在愉快的环境中健康地成长。例如，简陋的教学设备会淡化学生的学习兴趣与学习态度，但可以通过教师无微不至的关怀得以补偿；豪华的教学设施可以激发学生的学习情绪，但教师不当的教育理念却会使学生感到压抑。实践表明，学生情绪情感的两极性可能受到学校物理环境、心理环境某一方面条件的影响，也可能受到两者交互作用的影响。这种影响不仅是物理环境与心理环境的协调问题，而且是学校环境客体与学生发展主体相互作用的问题。因而协调学校物理环境与心理环境的关系问题，实质是协调学校组织环境与学生个体之间的关系问题。

（五）学校管理工作文化营建的基本策略

学校管理文化营建无论是精神的还是物质的都不是抽象的。学校管理文化的营建，既可以通过校长的管理、教师的管理、学生的管理活动体现出来，也可以通过教学管理、教育管理、安全管理等活动体现出来，更可以通过理念引领、情感投入、制度设计、设施提供、特色创建等管理活动体现出来，达到营建健康的学校管理文化的目的。

1. 管理理念的引领

学校管理理念是领导者价值观的体现，引领学校管理工作的方向，没有正确的学校管理理念就会导致盲目的管理，甚至导致物质文明与精神文明的对立。① 在学校管理要素中，人与其他要素相比，是最重要的管理要素，一切物的管理都是为人的管理服务的。因此，反映现代社会精神的学校管理理念应当建立在以人为本的基础之上。弗吉尼亚大学达顿学院的理念是建立在人的管理基础上的"恪尽教职"，所有教职人员要随时为学生提供咨询和帮助。新来的教师首先知道的是"咖啡时间"，即在 25 分钟的课间休息时，教师和学生要聚在一起闲聊，从早间经济新闻、课堂表现到学校新举措，无所不谈。每当未来的学生或教员参加面试，总会被告知咖啡时间，而且经常被带去亲自体验一下。这种以"咖啡时间"为媒介的"恪尽教职"理念，为弗吉尼亚大学创建世界一流的商学院奠定了基础。

现代管理理念五彩纷呈，无法穷尽。然而，千变万化的管理理念都集中地指向人或指向物，而指向物的理念又是为指向人的理念服务的。从管理的职能出发，学校管理的民主化则既能反映以实现人的发展为目的的管理理念，又能反映为实现人的发展而运行的管理程序，即学校管理的民主化是管理理念与管理手段的统一。从这一意义上讲，学校管理的民主化是实现学校管理目标的合理内核。学校管理的民主理念是在充分尊重人的权利的基础上，为促进人的和谐发展而进行的提高教育质量与效益的各种活动过程的反映。② 学校管理要尊重人的权利，主要是尊重学生和教师的权利。它要求将应当属于学生和教师的权利归还给他们，使其从中体会到他们是被尊重的主体，是自主管理的主体。

学校管理的民主是与专制相对立的。专制就是人治，就是学校领导者滥用权力，凭借自己的主观意志独断专行。专制的学校管理不顾及被领导者的权利与尊严、个性与差异，在领导者的权力专制与被领导者的权益拥有之间选择前者，忽视后者，忽视被领导者的内在需要与根本利益。这种管理是畸形的、压抑的、狭隘的、沉闷的。在这样的管理环境中，学生和教师无法成为真正意义上的人。

强调发挥人的主体性的民主的学校管理，并不否定和排除人的主体性在现代社会发展

---

① 杨颖秀：《学校管理》，北京师范大学出版社 2012 年版。
② 孙耀君：《西方管理学名著提要》，江西人民出版社 2002 年版。

中的残缺性。就现代人的主体性而言，还存在着一定程度的以自我为中心的占有性个体主义、以统治自然为目标的人类中心说及不包含交互主体性的单独主体性。正因如此，强调民主的学校管理就要与强调集中、有序、开放、合作等进入的完整主体性的管理理念相统一，避免尊重人的个性与放纵个体主义的混淆，防止促进人的发展与保护自然的割裂与冲突。因此，民主的学校管理是与学校管理的集中、有序相辅相成的。

2. 管理情感的投入

管理情感是学校领导者对学校管理过程中反映出的各种行为及现象所持的肯定或否定的态度。管理情感是与社会需要相联系的内心体验，同时会影响到其他人的情感或行为。学校领导者的情感可以通过责任感突出地反映出来，这也是其道德感的集中表现。责任感是受伦理标准影响的，不同的学校领导者由于伦理水平不同，在决策过程中也会在公正与偏私、诚实与虚伪、野蛮与文明等价值取向中选择不同的标准。因此，学校领导者的责任感可以感染学校的教师与学生，为学校形成良好的校风奠定基础，使学校管理工作产生一定的影响力和感召力，甚至会决定学校管理工作的成败。《国家中长期教育改革和发展规划纲要（2010—2020年）》将坚持以人为本、全面实施素质教育作为教育改革发展的战略主题，将面向全体学生、促进学生全面发展，着力提高学生服务国家、服务人民的社会责任感作为实现这一战略的重点，这足以说明责任感在人的发展中的重要性。

学校领导者的责任感可以通过甄选人的标准集中体现出来，这种甄选可以使学校成员体会到哪些行为是可以被学校组织接受的，哪些行为是不可以被学校组织接受的。可以被接受的行为标准在管理过程中被不断强化，就可以使学校成员感受到学校组织的文化氛围，形成与学校组织的价值标准相一致的行为。

3. 管理制度的设计

制度是要求大家共同遵守的办事规程或行动准则。制度是管理的手段，也是管理价值的体现。通过对事不对人的制度进行管理是官僚制度理论的基本要点之一，其优势在于提高管理绩效，体现管理的公平性。官僚制度理论在西方公共管理领域曾经取得过巨大的成功，但20世纪80年代以后对官僚制度理论的质疑愈来愈多，质疑的焦点指向于官僚制度本身的技术化与理性化的高效设想以及与之相反的官僚制度统治下政府管理的垄断与低效。因此，以公共选择理论为代表的经济学理论试图超越官僚制度下的公共行政，由此使世界范围内以"政府再造"为呼声的行政体制改革运动的此起彼伏。在此情况下，我国学校在依托政府管理的存续过程中，制度是否还具有价值意义？对此应当给予肯定。

首先，我国现阶段学校管理状况表明，官僚制度倡导的明确分工与对事不对人的制度管理还处于比较茫然的状态。学校的人员安排、组织机构的设置、组织职能的划分，学校制度的设计与执行等，还存在着不同程度的"人治"色彩，以主观性、随意性为迹象的管理行为仍然存在于学校管理环境中，影响着人们的情绪与交往。这种情况意味着一个应当建立的、能够制约学校管理活动的客观制度体系还未能建立起来，这无论是对领导者还是对被领导者都是缺乏制约机制、缺乏行为标准的，再加之学校领导者存在的趋利性，制度的缺失会导致学校管理的滞后。

其次，学校制度是学校管理理念的具体化。强调制度管理的重要性并不排除制度的价值标准和理性特征。学校制度的设计是为营建和谐平等的学校管理环境服务的，是为调动人的积极性创建的可依据性标准。健全科学的学校制度既能规范学校管理活动，又能为人的创造性的发挥提供可能。所以，学校制度的设计并不是以约束人的行为为目的，而是以挖掘人的潜能为宗旨。制定学校制度的出发点不同，其内容及对人的作用也会不同。

再次，"规制"与"解制"是学校管理制度设计需要关注的相对的行为状态。当学校领导者的权力极其集中，从而滥用职权，以致使权力成为束缚人发展的工具的时候，解权力之制则成为迫切需要解决的问题。当学校管理无所适从，常规管理都无法保证的时候，规行为之制则是十分必要的。事实上，解制与规制相互转化，解制的同时正是在建立一种新的制约机制，只是在制约的对象、制约的范围、制约的内容等方面会有所调整罢了。正是从这一意义出发，学校制度的存在是必然的。

最后，强调学校制度在学校管理中的作用并不排斥对学校伦理的追求，因为再好的制度也具有局限性、短期性和外部性。学校管理要发挥教师与学生的潜能，最重要的是提升他们自我教育的能力，提高他们的伦理意识。从现代社会的知识经济特点和发展速度来看，权力已经无法绝对属于学校领导者，当然制度也就无法成为全部意义上的制约机制。只有当教师与学生以其自觉的行为遵守学校制度时，制度才能体现出其存在的价值。

4. 学校设施的提供

首先是提供安全的设施。学校设施是学校教育教学活动正常运行的必要条件，它不仅影响着教育教学质量的高低，而且影响着教师与学生的生命安全。学校能否为师生提供安全的设施反映着学校管理的理念和价值。安全的设施包括建筑的设计、环境的布置、设备的选用等，都要尊重人的身心发展规律，学校设施的提供要严格按照国家规定的基本标准，保障学生的安全。值得注意的是，确保学校设施的安全与学校设施的美观是不矛盾的，美观的设施首先应当是安全的。

其次是提供方便的设施。安全的学校设施是师生发展成长的需要，是以人为本的学校管理理念的必然要求，但仅此还不够，在保障学校设施安全的基础上，为师生提供方便实用的设施也是学校管理价值观的反映。方便的设施可以从学校设施的每一个细节反映出来，诸如学校甬道的设计、草坪的铺垫、辅助设施的位置等，都有着不可忽视的科学性，体现着学校领导者是以人为本还是以物为本，是以权利为本还是以效率为本的价值追求。方便的学校设施不仅可以为师生提供实用的教育教学环境，而且可以为师生传递一种舒心的感受，这种感受会深深地镌刻在师生的心底，使其产生对学校的眷恋，产生作为学校人的自豪感，进而形成对学校的向心力。

最后是提供内涵深刻的设施。学校设施不仅具有直观的表象意义，而且具有深刻的内涵力量，这种内涵是与其设计的理念息息相关的。学校设施在设计上需要关注它应当具有的教育意义，以各种艺术的手段表现其丰富的感染力，以表象性的物质文化衬托其具有丰富内涵的精神文化。学校设施的内涵特性是与学校设施的安全性、方便性、美观性等特点相统一的，学校设施的提供需要同时关注这些特性，使学校管理文化在促进学生全面发展的精神指导下得以升华。

5. 学校特色的创建

学校特色是指学校在发展过程中表现出的独特色彩和风格。当这种独特的色彩和风格随着学校的发展其程度不断提高，成绩特别显著的时候，则可能成为以此为特色的学校。所以，学校特色和特色学校在内涵上既有联系，又有区别。学校特色和特色学校都以其特色作为区别于他校的标志，但特色学校的特色更明确、更厚重，更具有整体性。而学校特色创建则是一个学校改进的动态过程，其目的不是成为特色学校，而是表现学校独自的特点和创造力，为了净化学校的育人环境。每一所学校都会在不断努力之下表现出某一方面或某几方面的特色。例如，有的学校将文明行为习惯的养成作为特色；有的学校将科学小制作作为特色；有的学校将课外体育活动作为特色等。那么体育特色学校要比学校中的体育特色更具有整体效应和特点，取得的成绩也应更大，之所以要做这样的区别，是为了避免追求将学校都办成特色学校，这是不可能的，也是不必要的。无论是学校特色创建还是创建特色学校，其根本宗旨都是以积极的校风、健康的育人环境、科学的教育规律培养人、教育人，而不是特色学校或学校特色的声名。

学校管理文化是指在学校管理过程中凝聚的、反映学校成员共同价值观体系的学校精神财富和物质财富的总和。学校管理文化可以使学校独具特色，区别于其他学校。学生的成长、教师的发展，都要求学校管理重视文化建设，营建和谐的师生关系与有价值的环境空间。学校管理文化可以引导和塑造学校成员的态度和行为，使学校成员明辨是非，行为正义；可以表达学校成员对学校的一种认同感，使学校成员不仅注重自我利益，而且考虑组织利益，还可以增强学校系统的稳定性，通过学校成员的行动标准把学校组织聚合起来，减少流动和降低成本。学校管理文化的营建有团体动力理论、社会系统理论等很多的理论支持。学校管理工作文化营建可以从管理理念的引领、管理情感的投入、管理制度的设计、学校设施的提供、学校特色的创建等多方面入手。

第五节 学校管理工作的优化创新

一、学生教育管理工作社区化创新

（一）学生工作社区化管理的内涵

随着我国高校改革的进一步深入，以寝室为单位的学生社区的地位日益突出。学生社区（简称为学区）是社区概念在学校管理中的反映，学生社区是大学生在校学习、生活、休息的基本活动场所。社会学研究表明，第一社区是一种地域上的存在，第二社区的实质是人的聚居与互动。就第一层意思而言，社区的特点是居民的共同居住区；第二层意思则表明社区具有文化功能。就一所高校而言，学生社区指这所高校的所有寝室和周边环境（学生公寓）以及这种环境所能达到的最大的育人功能。

1. 高校学生社区管理的内涵

这一概念一共包含两个内容：一是指区域环境，二是指文化功能。区域环境即是指：一方面，学区是校园的区域组成之一，是校园内的地理分区，是学生的居住区；另一方面，学区也是学校的一个重要管理区，就社会组成结构来讲它是组成学校管理的结构之一，学校与学区存在某种程度上的隶属关系。

在完全学分制实施的背景下，学生群体间专业、班级甚至年级的界限日益模糊，作为学生的居住区其地位也应随之上升，以满足学生以居民身份与学校以及相关社会机构进行实质性对话的要求。文化功能更多地表现为社区人文环境与居民生活的相生相融，成为社区居民接受文化教育的主要阵地。学生社区在文化功能上还要承担更多的责任，要确保"文化为了教育，教育为了学生"，它具有更加鲜明的目标和内容指向。

高校学生社区的主要功能，就是要使学区成为高校德育工作的一个有效的有机环节。它承担的主要任务是为未来社会培养合格的社会公民，从社区角度出发，即要培养适应社区生活，与社区和谐相处的居民。一个社会的现代化归根结底是人的现代化，是人的意识和人的才能的现代化。社区作为社会构成的单元部分，它的现代化更离不开其居民，即社区成员意识的现代化。因此，培养具有社会意识的现代人必然成为现代教育的任务之一。

学生社区作为社区的特殊形态，同样要求其居民（学生为主体）以社区理念处理社区事务。从这一角度讲，学生社区承担向居住其间的不同年龄、不同性别、不同生源、不同专业的学生灌输现代社区意识，将其培养成为积极参与社区事务、能适应并完善未来居住环境的合格居民的任务。因此，学生社区更像一个准社区，就如同学校向各行业输送人才一样，它负责向未来的社区输送高层次的居民。

由此可见，区别于城市一般社区和农村社区，学生社区是附属于学校的，由定期流动的学生和相关管理人员组成，在具备相应的物质功能的同时，还应形成其相应的育人功能的一类特殊形态的社区。它不单有显而易见的区域含义，同时也是一个过程，即一个通过整个学生社区成员（主要指学生）的积极参与和依靠学生社区的创新精神来完成其育人功能的过程。同社区一样，学生社区一词也有一种温暖的劝说性的意味，它是一种情感力量，让学生具有对物质环境的归属感。在同一学区里，不同学生的关系建立在相互依存和互惠的基础之上，这种互惠和相互依存是自愿的、理性的，是通过自主参与实现的。学生参与是学区存在的反映，只有通过学生参与才能使学生的多样性以及他们归属学区的不同方式具体表现出来。

2. 高校学生社区管理产生的必然性

（1）高校学生社区管理的产生是我国高等教育现代化和国际化的发展趋势。为了克服高校持续扩招带来的后勤设施不足，我国高校借助国外发达国家高校后勤社会化的管理体制，或引进社会资金，或集资联建，或贷款与集资相结合，大力兴建学生公寓，并推行了后勤社会化管理，较稳定快速地解决了学生的住宿、餐饮、娱乐等一系列学习、生活、文化活动设施存在的经费短缺的问题。但后勤社会化却带来了高校管理的"二元化"问题，即对学生的学习实行的是与西方高校不同的传统教学行政管理，而对大学生的生活却推行了类似西方大学的社会化管理，在教学计划行政管理与社会化管理上事实上存在着"两个体系"。高校学生工作面临的挑战是：怎样将"行政管理"与"社会化管理"两个体系合二为一，从而达到对学生人格教育的统一。

（2）高校学生社区管理的产生是我国高等教育改革和发展不断深化的需要。面对高等教育的改革和发展的现实情况，尤其是高校学分制改革的逐步深化，传统的班级概念趋于淡化，以班级作为思想政治教育基本组织形式和主要工作渠道的情况正在改变，社区越来越成为大学生学习、生活的重要场所。同时，随着高校后勤服务社会化步伐加快，学生社区的环境氛围、社区的文化设施和社区管理服务的质量如何，以及社区管理模式怎样，这些对传统的高校学生工作提出了新的问题。因此，高校社区化管理被提上了议事日程。

（3）高校学生社区管理的产生是适应学生群体特征，加强和深化高校思想政治工作的需要。学生思想政治工作者，必须根据变化了的情况，及时调整工作思路，做出应对之策。面对高等教育的日趋现代化和国际化，特别是教育教学改革的不断深化，高校改革向纵深发展的新形势，高校学生社区管理如何坚持社会主义办学方向，很多高校在开展党建与思想政治工作以及日常教育管理工作方面，与时俱进，不断创新，探索出了一条符合形势发展要求和高校实际的学生教育管理新路径，即高校学生社区化管理。高校学生社区化管理是加强和深化新时期学生思想政治工作的需要。

（二）学生社区化管理的挑战与优化对策

1. 新形势下学生社区化管理面临的挑战

全面实施学生社区化管理已经迈出了全国学生思想政治工作中具有代表性意义的一步，在国内各高校先后进行的各种形式的理论研讨和实践探索，解决了部分理论和操作问题。但是全国高校地域分布广，地域和办学特色不一，教育环境和教育条件参差不齐等因素决定了任何一种管理模式都要经历一定的过程。社区化管理在实践探索过程中仍存在许多具体挑战，表现在以下几方面：

第一，内部机构关系和运作方式尚欠科学和完善，构建并处理好教育、教学、招生就业三大平台之间的关系，需要进一步处理好教学管理与教育管理、社会化服务管理与教育教学管理之间的关系，科学分析和分配学生教育管理平台内部机构间的权重等。

第二，对实施学生社区化管理的后继问题重视程度和研究不够，前瞻性理论探索较少。例如，随着改革的进一步深化，政治、经济、社会、文化、教育等诸多方面将会出现许多新的变化，学生社区的管理要怎样适应这些变化等问题缺乏研究。

第三，亟须提升学生社区的价值，即使学生社区在学校机构设置、运行体制、社会效益、育人过程中体现出更大的效度和影响力。

第四，在跨省（市）大学城和同省（市）多所大学集聚的大学城，存在着学生社区管理不统一的问题。由此可能导致一些不稳定因素从管理的薄弱环节滋生，有可能成为影响全局稳定的因素。

2. 建设学生社区化管理的对策

学生社区化管理无论是作为高校适应社会发展还是内部区域管理，或对学生进行方向性教育的过程之一，都有着十分重要的现实意义，在现有的基础上展开这方面的建设应做好以下几点：

（1）借鉴国内外高校学生教育管理模式。传统的学生工作观念一直轻视寝室的育人功能，将寝室当作完全的物化性存在，因而在实际工作中只重视学生生活环境的维护与保持，没有自觉地发挥作为学校育人工作环境之一的应有作用；同时，由于工作视角单纯停留于单个寝室，而未能将以寝室为单位组成的学区纳入视野，也很少注意学区育人功能的发挥。

在高等院校，学生的专业教育一般由各个教学系（院）来完成，学生的思想政治工作则由学校和学院具体的学生工作机构来完成，学生的物质生活需求由后勤部门来满足，而对学生进行未来生活训练，培养其成为遵守社区规范，具备相应社区意识的文明公民的教育任务却没有一个成形的组织来承担。这无疑是大学教育的一个疏漏，从这个角度讲，建立大学生社区，完善学生社区管理是完善高校育人职能，优化高校育人环境的必要举措，是当前高校学生工作迫切需要解决的问题之一。只有自觉地将学生社区建设纳入学生教育管理工作中去，并给予其应有的地位，学生培养社区现代公民的育人功能才有实现的可能。

因此，要加强理论建设和创新一定要贯彻开放办教育的理念，不断增强学习意识与开放观念，不断加强理论建设。高校学生社区化管理需要有改革者的开放观念和博大胸怀，通过不断比较发现差距，促使在社区化管理的过程中自觉主动地探索理论，积极准备改革所需的条件，应提倡各高校之间的交流与合作，互促互进，在实践中不断积累宝贵经验，应夯实理论基础，加强理论建设创新，为高校学生社区化管理向纵深发展而共同努力。[1]

（2）完善运行体系、解决机制问题是社区化管理的关键。机制是不可或缺的软件，建设好学生社区须完善三大机制，即学生社区运行机制、学生社区志愿者参与机制和学生社区的内部激励机制。学生社区的运行机制是学生社区得以正常运转的前提。运用学生社区公共设施和相关权力，以满足服务需求为目标，不断提高服务质量，保持服务的功能成本，长期维持服务的再生产，这种周期性的进程状态即是学生社区的运行机制。这一机制本身说明学生社区组织的非营利性，或者说非营利性是学生社区行为的特征之一，是学生社区自我服务、自我调节功能的体现。不断地实现这一机制良性运转的关键是服务质量，服务质量同样也是确立学生社区形象的基础，是学生社区存在必要性的证明。

学生社区的志愿者参与机制是培育学生社区人文生态环境的深层次社会文化问题。在学生社区中建立一支具备一定数量和质量的志愿者队伍不仅是一种管理现象，更是一种文化现象。事实上志愿者本身即是社区意识的内在有机组成部分，是社区成员积极参与社区事务的显性表现。在学生社区，志愿者的行为是建立一个以人为本，文明互助，共同参与的和谐学生社区的重要途径。

---

① 邢丹秋：《高校社区化管理下的学生党建工作探究》，载《新西部》2018年第6期，第94—95页。

学生社区的内部激励机制是学生社区积聚人心、发挥作用的保证，学生社区的非营利性能否像企业一样具有关注效率的动力，主要有两个问题：其一，非营利性组织的动力主要在于获得居民的满意和社会的认可，这是一种深层次的心理需求。市场经济导致人们为利而动，在这种情况下，为他人和社区努力工作的人尤其会得到他人和社会的尊重。其二，个人运用社区职能通过解决社区矛盾进而解决个人问题的有效途径。一个发育良好的学生社区环境通过事务公开化、透明化，将工作者的各种努力、困难、成绩和失误显现出来，靠来自外部的反应去推动自己努力改进工作，从他人眼中看到自己的状态从而调整自己的行为，进而完善自我，即学区的内部激励机制。

（3）教育管理结构和管、教关系的调整和平衡。学生社区建设是一项系统工程，必然需要对原有学生社区管理结构进行调整，科学处理教育和管理的关系。首先必须结合高校实际对原有学生工作进行结构性调整，并建立健全相应的规章制度，要从根本上解决这些问题，还需要处理好管理载体、教育平台、育人方式等全方位的问题，头绪纷繁复杂，加之无成形的经验可借鉴，面临的问题和难度都还较大。但以结构调整作为切入点，是一个比较可行的思路。具体要处理好以下几个关系：

一是各级学生社区与社区总管理委员会之间的纵向关系。各学生社区管理委员会在人事安排上是一致的，都是根据三大职能安排负责人。学生社区总管理委员会由专职政工人员组成，负责相关政策制定、处理学生社区与校内外各社会机构关系、领导学生社区等工作。各分委的工作重点落实在学院一级，它依托学生专业而保持相互之间的独立性，同时与总管委保持一致性。各支委是学区管理的基层组织，它直接与楼层和寝室发生联系，同时也可在力所能及的范围内与相关单位交涉学区事务，因此也应具备相对的独立自主能力。

二是校学工部门、团委与学生社区总管委的关系。学生社区总管委是校学工部的职能部门之一，是学生社区管理中最具有实权的管理层次，尤其在实现学生社区维权的功能方面，其作用更加明显，学生社区主要通过总管委实现与相关部门的平等对话，解决实际问题。团委介入学区管理，主要体现在对学区成员的思想教育与严格管理方面。各学院的学生工作办公室的主要负责人一般也是学院的团总支书记，因此共青团这条线的介入有利于加速形成一支由各院（系）团总支专职干部、各学生辅导员组成的宿舍思想教育、纪律管理、寝室内务管理队伍，有利于各项活动的协调，保证宿舍后勤管理的顺利开展。同时，团委是学生思想政治工作与校园文化工作的主角之一，团组织又直接指导各级学生会组织，有利于将寝室文化活动纳入整个校园文化建设中去综合考虑，从而引导寝室文化向高层次发展。

三是校学工部门与社区的关系。对单一高校组成的学生社区而言，这层关系可以体现某种专业特色。以专业安排学生寝室的高校，可使整片宿舍区基本上也成为一片专业区，很多基层工作需要这一层面来组织和解决。高校学生工作部可以通过本校学生会来协调与支委的关系，这其实也是将基层学生工作重心由班级向寝室转移的一种方式，从而使学区成为校园内各项学生活动展开的活跃区域之一。对于多所高校组成的大学城而言，这种关系还必须增加一层关系，即各学校学工部门与大学城管委会之间的协调关系，各类管理工作与活动除了考虑本校的相关特色外，还应与大学城管委会协调，通过管委会与大学城内其他高校协调，使其活动或管理产生更大的规模效应。

四是根据学生社区职能，设立相应的管理机构。从人事角度处理，在大学城管理总委、分委、支委上各自安排人员以执行这三大职能。学生社区管理支委设学生社区区长一名，副区长一名，志愿者队长一名，也可根据实际情况适当增加管理人员数量，从而形成以学生社区区长、志愿者队长、楼长、宿舍长为主的学生社区管理基层机构。校院级学生社区管理机构可在原有学生寝室管理机构的基础上合理增加或加强学生社区的相应职能（例如学生权利维护等）。这种管理方式并未对原有的学生管理结构做大幅度的调整，从而使其更具有现实的可行性。学校、学院、楼层（或公寓）三级管理有助于发挥三者的不同优势，校学工部、院学工办和院学生会的介入使学区工作顺利地纳入工作轨道，从而保证原有学生工作的连续性，方便学校相关部门对学区工作进行帮扶指导。当然这种管理布局也不是适合所有院校。对此，还有一种更加彻底的解决办法，在学生会组织直接设立在各个学区之上，由校学区管理委员会和校团委直接指导各个学生社区的工作。

五是制度和机构设置要同步。为了学生社区工作的顺利开展，制定相关制度是必要的。但从目前学生工作的状态来看，能否保障学生社区管理委员会具有相应的学区管理权利，能否保障学生作为学区居民与学校、后勤等部门具有平等对话的权利以及能否保障学生通过民主渠道参与学区乃至学校相关事务是影响学区生命力的决定性因素。

六是细化管理规章，解决管理的薄弱环节。这对多所学校组成的大学城管理尤为重要。一定要通过管理规章的细化与统一，解决不同学校在管理上的疏漏。现阶段，各地的学生社区建设面临许多新问题：如学生社区规划问题、党的组织问题、学生社团活动如何与学区管理结合问题，学区矛盾与纠纷是否应用法律手段解决问题等，这些问题都会现实地摆在大家面前。但无疑实行学区管理是符合高校教育规律的，它体现了思想政治教育与管理工作相结合，融于学生具体生活实践的德育原则，提高了学生工作的管理层次，有利于学生自立、自主、自强意识的培养，有利于为社会培养具有现代人文意识、现代生活观念的社会主义新型公民。

(4) 准确把握高校学生社区化管理的发展方向。随着高校后勤社会化改革的不断深入，高校学生社区化管理应该向哪些方面发展是目前需要讨论的重点问题。学生社区应该成为培养德智体全面发展的高素质人才及"管理育人、服务育人"的重要阵地，应该是影响大学生成长、成才的重要环境和学校精神文明建设的窗口。因此，高校学生社区化管理应该成为高校改革的重点，有些传统的管理模式已不能适应高校的发展，学生社区化管理势在必行。从高校社区化管理的发展方向看，不断完善学生社区的教育管理机制，积极探索学生社区管理的新思路、新办法，建立与传统的班级管理模式差距较大的新型大学生社区管理模式是今后发展的方向。

第一，智能化管理方向。管理智能化，就是借助信息技术手段，建设学生生活网络和社区管理服务网络，用计算机等现代科学技术进行科学的管理和服务，体现高效管理，实施高效服务。将几栋学生宿舍形成的社区实行联网管理，学生进出公寓进行红外刷卡管理，减少管理人员，杜绝外来人员的进入；对社区内部的床位、电费、水费管理等都采用智能化管理系统；在此基础上增设学生社区 BBS、公寓管理员信箱和住宿信息、电话号码、火车时刻、住宿费、超额水电费、卫生考评等网络查询功能，将现实世界、书本世界和虚拟世界有机结合，通过网络服务平台为学生提供更加方便快捷的生活网络服务。学生社区的智能化管理就是建立智能社区，进行各方面的管理，促使管理模式的合理化、管理方法的科学化。智能化社区的建立，对学生公寓的安全管理，尤其将学生进出、消防报警、用电负载识别等上升到一个全新的层面。广泛运用计算机平台的自动化技术和智能化技术开展这些工作，可以大大提高管理效率、准确性、可靠性和安全性，还可以解决许多单靠人力不能解决的问题。通过实时微机管理，随时了解入住学生的基本情况和日常动态，形成服务方与学生之间的双向联系，形成社区管理信息的流通，推进管理科学化、智能化的进程。

第二，人性化管理趋势。人性化管理源自企业管理范畴，指以情服人来提高管理效率。通俗地讲，人性化管理风格的实质就在于充分尊重被管理者的自由和创造才能，从而使得被管理者愿意怀着满意或者是满足的心态以最佳的精神状态全身心地投入工作当中去，进而直接提高管理效率。人性的管理是情、理、法并重的管理，而不是放任管理。这种管理精神对高校的学生社区化管理同样适用。

人性化管理的核心是以人为本，充分相信学生的自我管理能力，尊重学生的权益，鼓励学生的自主和创新，不能把学生当作没有思想甚至没有自主能力的群体。高校学生社区化管理要实现人性化，管理者首先要看到每个学生身上的闪光点和个性，以亲和的态度去了解他们，关心他们，教育他们，进而管理他们。比如可以推进高校政工干部进入学生社区。学校选派优秀的学生工作干部进驻社区，与学生同吃、同住、同生活，社区老师经常深入寝室，了解学生的生活状况和思想动态，帮助学生解决实际困难，把解决学生的思想问题与解决实际问题密切结合起来。政工干部进社区，对转变政工干部的观念和学生的认识，加强学生与辅导员之间的沟通，拉近与学生的距离具有实效，能够真正做到使思想政治教育工作贴近学生学习、贴近学生生活、贴近学生心理，确保思想政治工作的有效开展。

人性化管理将对教育管理者提出更高的要求。要求管理者放下以上令下的特权，抛弃先入为主的视角，重新审视师生关系，科学处理制度与人的作用间的关系。人性化管理就要拒绝以制度和惩罚措施压迫他人的方式，而是以管理者自身的人格魅力去教育人，构建一种深层次的管理者与被管理者间的和谐关系。具体来说，学生工作部门和具体执行者要首先严格要求自己，做到制度制定的合理性、科学性和可操作性，制度执行的一致性和公平性，以及针对特定情况的灵活性；在接触到具体管理对象的时候要以人性的关怀和理解为管理动力，寻求二者间的良性互动，从而达到思想政治工作需要的效果。

二、学生教育管理工作社会实践化创新

（一）学生社会实践化的内涵

高等学校对人才的培养途径是多种多样的，其中正确引导学生参加社会实践就是其中重要的一种。在早期的大学里，人才的培养主要是通过在课堂上系统地传授理论知识来达到的。随着社会生产力的不断提高和发展，对教育和人才培养也提出了新的目标，这种仅仅靠传授理论知识的方式已渐渐显得不适应。因为现代化的生产过程不仅要求人才掌握大量的理论知识，而且还应该具有较强的动手和创造能力，具有科学的社会观和责任感，具有较高的道德素质和心理素质，这些方面仅仅靠课堂教学是难以完成的。所以，现代工业产生后，社会实践就作为一种重要的教育方式被引进大学的教育过程，其重要作用日益引起人们尤其是教育工作者的重视。

高校学生社会实践是一种以实践的方式实现高等教育目标的教育形式，是高等学校学生有目的、有计划地深入现实社会，参与具体的生产劳动和社会生活，以了解社会、增长知识技能、养成正确的社会意识和人生观的活动过程。高校学生社会实践是高等学校教育活动的重要环节，它与课堂教育相辅相成，共同完成高校的人才培养任务，实现学生的全面发展。

（二） 创新社会实践的理念

新的时代不仅对大学生有了新的要求，同时赋予大学生社会实践新的任务，要适应时代，就必须实现大学生社会实践理念上的更新。

1. 要与建设社会主义新农村的需要结合起来

社会主义新农村建设包括新农村的经济、政治、文化等诸多方面的内容。如何建设社会主义新农村，显然仅靠国家投入资金是不够的，广大农村还必须投入更多的智力资源、文化资源。而大学生是掌握着一定基础知识和专业知识的青年知识分子，他们的参与，无疑会有效地促进社会主义新农村建设。大学生加入社会主义新农村建设中，又会给他们的专业知识提供用武之地，使他们的实际能力得到提高。

2. 与城市社区精神文明与政治文明建设的需要结合起来

将大学生的社会实践与城市社区的精神文明和政治文明建设的需要结合起来，持久、稳定而有效地开展社会实践教育活动，使大学生在促进城市社区精神文明与政治文明的社会实践中，自身也得到提高和锻炼。在这类社会实践活动中，大学生可以将高校思想政治理论课中所学习到的内容应用于实践活动中，既能将知识活用，又能深化理论认识，同时还可以通过自身努力，促使社会变革，成为推动社会文明进步的重要力量。

（三） 创新社会实践载体

1. 大学生党员城乡基层接待室的建立

这种城乡基层大学生党员接待室既可成为大学生党员和入党积极分子了解社会的窗口，又可成为向工人、农民、市民宣传党的知识、政策以及国际国内政治、经济、社会形势的重要阵地，大学生还可在这个载体中与广大群众打成一片，为构建和谐社会贡献出自身的力量。

2. 大学生社会实践临时党支部的成立

通过成立大学生社会实践临时党支部，能增强党对社会实践的领导，并将党的意志、政策、主张贯穿整个社会实践的全过程，从而使整个大学生社会实践产生更大的政治文化效果和影响。

三、学生教育管理工作信息化创新

（一）学生教育管理工作信息化建设的意义

信息化建设对高校学生教育管理工作影响深刻，意义重大。做好高校学生的管理工作对学生的各个方面的发展都很重要，国家重视高校人才的培养，而对各个高校来说，管理学生的工作无疑是最重要的。当今社会与时代，是信息化发展迅速的一个阶段，各行各业都重视信息化建设，高校也应顺应时代发展潮流，做好高校学生教育管理工作的信息化建设。

高校做好学生教育管理工作信息化建设在一定程度上促进了社会上信息化的发展。如今科技的发展使各种信息变得复杂，信息的真假也难辨别。但是如果高校学生教育管理工作者能够将管理工作信息化建设做好，那受益的不仅是管理工作者，还有高校学生。管理者能够更加方便、快速、有效地去展开管理工作，学生同时也能够及时获得信息，能够及时地做一些事情。管理工作的信息化建设也是学生人身安全的一种保障，虽然说大学生已经是成人，不需要太多的管理，但是大学生初入社会，难免会出现一些人身安全、财产安全等安全问题，这就需要经验丰富的学生管理者提供帮助，而信息化系统的成功建设就起到了这种作用，能够让管理者及时知道学生所遇到的问题，及时解决问题。同时，假如学生遇到什么危险，也能够及时求助学生教育管理工作者，全方位地保障学生的安全。由以上可知，信息化建设对高校学生教育管理工作极其重要，信息化管理学生也具有极大的优势，只要能够将这种管理方式灵活运用，高校管理工作的未来会更加美好、更加容易。

（二）创新学生管理信息化的途径

作为高校工作的重要内容，学生管理在大数据时代背景下朝精准化、规范化的方向发展，各高校在学生教育管理工作中应审时度势，利用大数据的优势，为高校的可持续发展服务。

1. 全面提升管理者的素质

通过信息的整合和处理，获取有效的信息，信息化技术的普及和应用对高校学生教育管理工作人员提出了极大挑战，管理人员必须具备相应的知识和技能才能更好地处理大数据下信息的整合。因此，高校学生管理人员必须从思想认识上有足够的重视，摒弃传统的管理思路，与时俱进，以拓展性、创新性的思路来看待高校学生管理的信息化建设。从思想认识和技能培训等方面提升管理人员素质，让管理人员真切地认识到信息化是时代发展的必然趋势。管理人员不仅要从思想认识上有足够的重视，还应落实到实际工作之中。学校定期对管理人员进行技能培训，以专业的知识技能实现高校学生管理信息化建设，从而提高学生教育管理工作水平和效率。高校应加强对管理人员的培训，如以邀请专家开展讲座、交流汇报、高校间学习交流、实际操作计算机等形式，深入探究大数据。转变被动管理思路为积极主动的思想，充分利用大数据技术，开展学生教育管理工作。

2. 依托大数据，优化学校管理信息系统

以高校信息技术为中心，依托大数据，组建专门的管理信息系统，由专门人员直接对学生信息化工作进行管理，减少中间环节的烦琐，提高了管理水平和管理效率。完善的硬件设施及网络系统设置是高校学生管理信息化系统建设的基础，大多数高校的网络系统不够完善，且硬件设施也已老化，由此可见，优化管理系统应从以下两方面入手：

第一，学校要加大对硬件设施的资金投入。完善的硬件设施是高校学生信息化系统建设的基础，能有效提高管理水平和效率。

第二，构建完善的校内网络系统。大数据的海量信息要求网络系统具备较大的接收、容纳能力，完善的校内网络系统能及时、快速地处理信息，为用户提供多元化的增值服务。

3. 健全管理体系，保证信息安全

规范的管理体系是开展学生教育管理工作的前提，从管理工作的大局出发，以学年、月、星期为单位，分阶段制订管理规划，确保各阶段规划的可行性，有计划、有步骤地开展管理工作。结合高校原有的管理制度，依托大数据的优势，从信息化系统建设、人员管理等多个方面进行完善，以学生为本，根据高校学生管理实际，不断完善相应管理制度。很多高校对一卡通赋予了更多的功能，如学生可利用一卡通进行就餐、宿舍出入登记、图书借阅等，管理人员通过对一卡通的数据信息进行分析，能及时了解学生的学习及生活状况。传统的纸质档案不便于储存，易丢失，增加了保管风险，高校通过建设学生管理信息化系统，以数据信息存储的形式，确保了学生档案的完整性和安全性，管理人员在调取、查阅档案时，通过数据也能方便、快捷地找到，避免耗费时间和人力，在不断完善的过程中确保管理工作的顺利进行。系统中信息的泄露会给学生带来诸多麻烦，如何确保信息安全成为高校学生管理信息化建设中亟须解决的重要问题。在信息系统建设的过程中，应用信息加密技术，并在系统更新中不断升级，启用网络监测防御系统、网络防火墙，及早发现安全隐患，及早向上级领导汇报，及早处理，防止不法分子对校园信息系统的侵袭。

总之，在当今信息高速发展的时代，高校学生管理信息化建设既有机遇，又面临挑战，信息化系统能提高高校学生管理效率，实现学生教育管理工作的规范化和精细化，探究大数据时代高校学生管理信息建设新途径，成为高校学生教育管理工作的必然趋势。社会在不断进步，高校学生教育管理工作也要与时俱进，管理人员应站在信息技术的高度，以创新的理念和思路，树立大数据意识，在工作实践中，以科学化、规范化为指导，不断完善管理制度。

第六章 基于思政教育的学生教育管理工作发展创新

作为人才培养重要组成部分的学生工作肩负着大学生思想政治教育和学生事务管理的重任，做好学生工作是贯彻党的教育方针，落实立德树人根本任务的必然要求，是高校深化教育领域综合改革，着力提高教育质量的迫切需要，也是广大学生健康成长、卓越成才的内在诉求。本章重点讨论了基于思政教育的学生管理特征与机制、思政教育融入学生管理的意义、思政教育融入学生管理的有效方法和规律等内容。

第一节　基于思政教育的学生管理特征与机制

一、基于思政教育的学生教育管理工作的特征

（一）严密的系统性

首先，从教育的层次要求来说，大学直接承担着为国家建设培养合格人才的任务，这就要求大学不仅要使学生系统地掌握本专业的业务知识，而且要对马克思主义理论有比较系统的了解。通过学习马克思主义的立场、观点、方法，改造自己的主观世界，为今后走向社会改造客观世界奠定思想基础。

其次，大学生正处在世界观形成时期，这一时期思想的变化直接影响到今后一生，要使大学生在校学习期间树立正确的世界观，必须对他们进行系统的理论学习与思想教育。

另外，从受教育者的要求来看，通过小学基本观念的教育和训练，经过中学对各科知识的初步学习，一般的道理与知识已经不能适应大学生的需要，他们迫切需要系统地提高，对事物的看法从受别人影响到有自己独特的见解，因而对学生思想教育管理提出了更

加系统化的要求。要求大学不但要让学生学到知识，而且更重要的是教会学生分析与解决问题的正确方法，让学生掌握思想上的"钥匙"。

（二）注重学生的自主性与正确引导

从心理的角度分析，大学生和中学生实际能力有时相差不大，但自我意识和要求自立的愿望明显增强。上了大学后，学生普遍在心理上认为自己真正长大了，这种独立的意识对基于思政教育的学生教育管理工作有其积极有利的一面，就是学生的自立意识经过引导成为不甘落后的内在动力和名正言顺地向他们提出更加自觉的要求。但如方法不当，有可能出现大学生从心理上抵制学校基于思政教育的学生教育管理工作的逆反因素。因而，也就给基于思政教育的学生教育管理工作提出了两方面的要求：一是加强正确引导，保证大学生在自立的过程中沿着正确的方向成长；二是尊重大学生的人格，同时肯定有利于自身进步的个性品质，从积极的方面挖掘学生内在动力，发挥他们自身的作用，肯定他们在自我教育管理中的地位与作用。

一般来说，大学生刚进校时，迅速增加的独立意识与自身的实际能力相矛盾。如在教育过程中采取中学班主任的做法，学生往往认为没有把他们当作成人而感到反感。一旦放手让他们自己去摸索，又往往缺乏经验与能力，显得处处不适应而又经常怀念、谈论起他们中学的班主任。因此，大学教育中充分发挥学生的自主性，必须与正确的引导相结合，过分强调哪一方面都不会收到满意的效果。

（三）强烈的社会适应性

除职业学校与中专外，普通高中培养的直接目标之一是为高等学校输送品学兼优的学生。而高等院校培养的直接目标除少数学生继续深造外，大部分学生将走向社会，社会是检验大学教育质量的实践标准。培养目标的差异决定了培养方法与内容的区别。作为大学，就是把党的教育方针与社会的需要有机结合，把培养又红又专的人才与社会的需要相一致。这种结合与一致主要是避免单纯适应社会的实用主义的教育方法。因此，基于思政教育的学生教育管理工作要紧密联系社会实际，加强对社会的接触和了解，采取"请进来，走出去"等多种有效的办法，有针对性地进行教育培养，为学生走向社会打好思想基础。

二、基于思政教育的学生教育管理工作系统运行机制的构建

基于思政教育的学生教育管理工作运行机制就是德育在决策层、执行层和德育对象之

间的互动方式以及德育工作机体的各构成要素之间的运作方式。从面向 21 世纪的大环境出发，根据德育的内在规律探讨高校德育新体制下的思政教育的学生教育管理工作运行机制，是目前的一大课题。

（一）基于思政教育的学生教育管理系统运行机制的构建原则

1. 应遵循整体性原则

现代德育论认为，德育是一个由教育者和被教育者构成的多元多层的大系统，在这个大系统中，各部分、各要素之间既相互依赖，又相互作用，从而构成一个有机的整体。

基于思政教育的学生教育管理工作运行机制的整体性包括系统结构的整体性和组织机构的整体性。所谓系统结构的整体性是指德育系统必须由决策、执行、反馈三个子系统构成，缺一不可。过去我们在基于思政教育的学生教育管理工作运行过程中，比较注重决策和执行系统的工作而忽视反馈系统的工作，这种运行机制必然导致德育工作的主观性、盲目性，从而影响德育工作的效果。所谓组织机构的整体性，就是要求在设立基于思政教育的学生教育管理工作机构时，要按照建立三个系统的实际需要，充分考虑每个机构的功能，做到按需设岗，按岗定人。

2. 遵循开放性原则

基于思政教育的学生教育管理体制要求建立党委领导下的校长及行政为主实施的以德育体制为指导的学生教育管理工作，就要求打破过去基于党委系统管德育的学生教育管理的封闭式的运行机制，建立开放式的运行机制。这种开放式的运行机制要求有以下几点：

第一，基于思政教育的学生教育管理工作要体现在学校工作的全方位、全过程。在学校内部，德育系统不仅包括专门的德育工作机构，如党委宣传部、学生工作部（处）、团委、马列课部（教研室）、思想品德课部（教研室）等，还应包括教务处、科研处、总务处等其他行政单位。不仅包括专职德育工作人员，还应包括所有教职工，甚至学生。

第二，基于思政教育的学生教育管理工作要与学生家庭、社会密切联系。高校德育必须面向社会，一方面，要借助家庭、社会的力量为基于思政教育的学生教育管理工作服务；另一方面，要让学生走入社会，进而了解社会、认识社会，在社会实践中接受教育，增长才干。由此可见，开放性是构建面向 21 世纪基于思政教育的学生教育管理工作运行机制的内在需要。[①]

---

① 李志：《论高校辅导员将思政教育融入学生的日常管理》，载《智库时代》2019 年第 39 期，第 44-45 页。

3. 要遵循有效性原则

有效性是衡量业已建立的运行机制是否科学、合理的标志，而运行机制是否科学、合理，就要看在基于思政教育的学生教育管理工作运行机制这个大系统中，各个部分在传递过程中有无梗阻现象，以及传递方向是否一致。因此，在构建基于思政教育的学生教育管理工作的运行机制时，必须重点考虑执行系统方向的指导和目标整合机制的建立。

（二）基于思政教育的学生教育管理工作运行机制的组成

根据以上基本原则，完善的、科学的基于思政教育的学生教育管理工作运行机制应由以下几个部分组成：

1. 优化的决策机制

决策机制是指决策的机构、决策的程序、决策的形式和决策的规律。其基本要求是实现决策的正确性和权威性。

优化的决策机构是决策科学化和最优化的组织保证，是基于思政教育的学生教育管理工作运行机制的核心。一个健全的、优化的基于思政教育的学生教育机构应包括决策中枢、信息处理组织和智囊组织。学校党委是学校基于思政教育的学生教育管理工作决策中枢，党委应该总揽全局，在充分掌握信息和深入分析研究的基础上，适时、准确地做出决策；信息处理组织负责对基于思政教育的学生教育管理工作的信息进行收集、整理、综合、分析后提供给决策层，作为决策者的决策依据，信息处理者对信息的处理应该是及时的、实事求是的，这一工作一般由党委的职能部门承担；智囊组织是由德育专家组成的，负责分析基于思政教育的学生教育管理的工作状况、拟订学生管理工作方案，提供给决策组织。

2. 完善的执行机制

思想政治教育的执行机制是基于思政教育的学生教育管理工作运行机制的关键。执行者的任务就是通过一定的机制把决策者对学校德育工作的决策付诸实施，使决策的目标得以实现。

基于思政教育的学生教育管理工作的执行机制是一个多层次、多系统的庞大的体系。从纵向的方面看，它包括校级、院（系）级、年级、班级；从横向的方面看，它涵盖了党委和行政的各职能部门，以及群团组织和它们的下级单位。

校长是基于思政教育的学生教育管理工作的最高执行者和指挥者，对学校的德育工作负有全面责任。

作为基于思政教育的学生教育管理工作主要职能部门的组织部、宣传部、教务处、学工部（处）等，既是党委决策系统的信息处理部门，也是行政执行系统的参谋部门和协调部门，又是执行系统的具体执行部门，它们担负着组织"两课"教学、指导院（系）工作、开展思想政治教育、协调"三育人"工作等具体工作，在基于思政教育的学生教育管理工作中起着至关重要的作用。

3. 高效的反馈机制

反馈是一种对工作情况和工作效果评价的信息反映，建立一个高效的信息反馈系统是基于思政教育的学生教育管理工作机制正常运行的重要保证。

一个信息反馈系统是否高效，其根本标志是该系统内信息反馈的灵敏度、准确度和及时性。基于思政教育的学生教育管理工作机制必须据此构建自己的信息反馈系统。

基于思政教育的学生教育管理工作信息反馈系统主要由两部分组成：一是基于思政教育的学生教育管理工作执行系统内的信息反馈系统，二是基于思政教育的学生教育管理工作执行系统外的信息反馈系统。基于思政教育的学生教育管理工作执行系统内的信息反馈系统就是按照德育执行系统的各个层次，自下而上地逐级反馈，以便对决策、指挥、执行过程中出现的问题进行及时调研。

同时要做好信息处理工作。信息处理工作主要包括三大要素，即信息的采集、信息的整理和信息的反馈。其中，信息的采集是基础，信息的整理是关键，信息的反馈是核心。其基本要求是真、准、快，尽量做到及时、迅速，使决策者能尽快修订方案，完善决策，以免贻误时机，影响工作。

4. 系统的激励机制

基于思政教育的学生教育管理工作机制的激励机制主要由政策激励和竞争激励两者组成。政策激励就是依靠制定和实施有利于调动高校教职工德育工作的积极性、主动性的政策来推动德育工作的一种激励措施。由于基于思政教育的学生教育管理工作是一个多层次、多方位的庞大系统，因此，政策激励必须根据不同对象制定不同政策，采取不同激励措施，引导他们在具体工作中自觉开展岗位育人工作。竞争激励就是采取一定措施在德育系统内部产生一种竞争的态势，以促进基于思政教育的学生教育管理工作的整体协调发展，通常所采用的措施主要有评估、评比等。评估和评比既是一种导向，也是一种激励；既可以运用于对集体的评价，也可以运用于对个人的评价；既可以运用于对基于思政教育的学生教育管理工作的综合评价，也可以运用于对某一德育活动的单项评价。通过建立基于思政教育的学生教育管理工作系统的激励机制，使基于思政教育的学生教育管理工作的部门、相关工作者的积极性、创造性得到充分的发挥。

第二节 思政教育融入学生管理的意义

一、保证了党的教育方针的全面贯彻

我国的高等教育，是社会主义建设宏伟工程中的战略重点之一，它担负着培养各方面高级专门人才的光荣使命。要完成这一光荣使命，各高等学校必须深刻理解和正确贯彻党的德智体全面发展的教育方针。德育、智育和体育是统一的有机整体，它们共同构成社会主义高等教育的本质内容，其中德育即广义的思想政治工作，起着统率和保证作用。德育的实质，就是要把反映社会主义生产关系、政治关系和其他关系的无产阶级思想意识和行为规范，深深灌输到受教育者的头脑中去，以期其成为无产阶级革命事业的建设者和接班人，成为全心全意为工农大众服务的公仆。为此，就必须发挥德育的"生命线"作用，切实把德育放在一切工作的首位，把思想政治教育管理放在各项管理的首位。

二、保障了学校精神文明建设

精神文明建设，包括思想道德建设和教育科学文化建设两个方面。高等学校既是发展科学文化事业的重要部门，又是培养社会主义事业建设者和接班人的重要基地，将思政教育融入学生管理工作，就能保证高校学生达到比一般同龄青年更高的思想道德素质，以同他们具有的较高的科学文化素养相对应，同将来所担负的社会责任相适应。高校学生是未来各条战线的建设骨干，社会主义精神文明的种子很大程度上靠他们去传播。因此，我们一定要坚持物质文明和精神文明一起抓，避免"一手硬、一手软"的倾向，深入持久地开展学雷锋、树新风、"五讲四美三热爱"，以及适合青年特点的各项竞赛活动，认真抓好校风、学风和班风建设。为此，也必须将思政教育融入学生管理工作，并采取切实的行政措施，严格规章制度。思想政治教育是无形的规章制度，而规章制度是有形的思想政治教育，两者互相补充，相得益彰。

三、保障了安定团结局面的维护

随着我国经济、科技、教育和政治体制改革的深入与对外开放的扩大，必然涉及一些经济利益的调整，容易引起一些人的思想波动。加之改革是一场革命，在改革、开放过程中，由于新旧体制和新旧观点的同时并存，改革与守旧、先进与落后、科学与愚昧的对立和斗争是不可避免的，在探索前进道路上出现一些失误也在所难免，这也会引起一些人的不满和心理失衡。要解决这些认识和思想问题，消除不安定因素，主要依靠思想政治教育及其严格的管理。在实际工作中，一要切实关心学生的实际利益，主动解决应该解决又有条件解决的问题，满足他们合理的物质生活和精神生活的需要；二要不断地进行"一个中心、两个基本点"的基本路线教育，进行人生观和道德观教育，进行民主与法制教育，使他们识大体，顾大局，正确处理个人、集体和国家三者的利益关系；三要采取疏导方法，坚持说服教育，提高他们对安定团结重大意义的认识，懂得既要稳定又要鼓劲的道理。

第三节　思政教育融入学生管理的有效方法和规律

一、思想政治教育融入学生管理的有效方法

思想政治教育融入学生管理的方法多种多样，不应千篇一律。但从目前高校普遍行之有效的方法看，归纳起来，主要有目标灌输法、积极疏导法、榜样示范法、调查实践法、心理咨询法、个别谈心法、自我反省法、奖惩结合法，等等。这些方法还可根据思想政治教育融入学生的不同任务和对象化为更具体的方法，而其中的目标灌输法、积极疏导法则是两个必须采用的基本方法。

（一）灵活的目标灌输法

学校教育就是教育者按照一定的培养目标，有目的、有计划、有组织地向新一代传授知识和技能，影响其身心发展，把他们塑造成为一定社会（或阶级）所需要的人的活动。所以，从这个意义上讲，任何教育都是一种灌输，没有灌输，就无所谓教育。关键在于灌输什么，怎样灌输。[①]

社会主义高等学校的思想政治教育，尤其需要灌输。马克思主义认为：社会主义思想体系不是自发产生的，而是从无产阶级革命实践中产生出来的科学理论。青年一代的无产阶级政治观、世界观、人生观和道德观等，也不会自发地形成；而且在社会主义初级阶段，在意识形态领域中，资产阶级与无产阶级争夺接班人的斗争将是长期的，有时甚至是很激烈的。社会主义思想体系的任何削弱，都意味着资产阶级思想体系的加强。所以，必须加强党对高等学校的领导，加强对青年学生的思想政治教育的灌输工作。那种淡化党的

---

①　俞贺：《将思想政治教育融入高校学生工作途径初探》，载《新西部》2019 年第 23 期，第 130-131 页。

领导、改造思想政治工作的观点，是违反马克思主义的。当然，我们在肯定思想政治教育的目标灌输法的同时，也要反对生吞活剥的"填鸭式"的灌输方法，要提倡生动活泼的春风化雨式的教育方法。

（二）有效的积极疏导法

所谓积极疏导法，简而言之，即疏通和引导相结合的方法。它是中国共产党历来坚持的说服教育、以理服人的方法在新时期的继承和发展。疏通，就是发扬民主，广开言路，分清是非，统一思想。引导，就是坚持原则，循循善诱，晓之以理，导之以行。疏通和引导是对立的统一，两者是互相依赖、互相贯通的。疏通中有引导，引导中有疏通，疏通是引导的前提，引导是疏通的目的，但两者又有差别，不能混为一谈。

坚持疏导方法，是处理人民内部思想认识问题唯一正确的方法，它既不同于"残酷斗争、无情打击"的方法，又有别于"淡化领导、放任自流"的做法。毛泽东同志指出："凡属于思想性质的问题，凡属于人民内部的争论问题，只能用民主的方法去解决，只能用讨论的方法、批评的方法、说服教育的方法去解决，而不能用强制的、压服的方法去解决。""企图用行政命令的方法，用强制的方法解决思想问题、是非问题，不但没有效力，而且是有害的。"特别是对血气方刚处在心理断乳期的高校学生，更应坚持疏导方法。青年学生的思想游离性虽大，但可塑性也强，只要持之以恒地待之以诚，动之以情，他们是会接受真理和修正错误的。

要坚持疏导方法，首先必须明确它不光适用于学生，也适用于管理者。学生中有思想和行为的是非问题，管理者也往往有管理不善、不力、不当的问题，不能一味疏导学生而不反省自己，否则，就等于疏而不导。坚持疏导方法，同时要明确它并不排斥运用法纪。对于学生中少数严重违法乱纪者，该处分的也不能姑息迁就。否则，疏导方法也会苍白而无力。只有这样，才算彻底地贯彻疏导方法，才能在本单位形成一个有集中又有民主，有纪律又有自由，有统一意志又有个人心情舒畅、生动活泼的政治局面。

二、思想政治教育融入学生管理的一般规律

所谓规律，就是事物发展过程中内部的本质联系和必然趋势。一般说来，凡规律都具有两个基本属性，一是客观性，二是层次性。就高校学生管理这个层次，对高校思想政治教育管理者来说，正确认识和自觉运用如下三个方面的教育管理规律，是大有裨益的。

（一）坚持客观环境和思想教育的双向选择

坚持客观环境和思想教育的双向选择是社会存在决定社会意识、社会意识反作用于社

会存在的基本规律在思想政治教育管理中的具体表现和运用。

众所周知，广大青年学生直接生活在高校的小环境中，高校又存在于国内社会的亚环境之中，而国内社会又是国际社会大环境不可分割的一部分。由于现代传播媒介的飞速发展，各种社会信息纷至沓来。积极健康的外部信息和环境因素，能够形成学生良好的思想品德；反之，消极腐朽的外部信息和环境因素，就会形成学生不良的甚至是恶劣的思想品德。但是，无论怎样的外部信息和环境因素对人发生影响，都需要通过人脑的加工选择和实践活动才能实现。因此，人们接受外部信息和环境因素，不是消极的、被动的，而是积极的、能动的过程。

古今中外的教育家历来都非常重视思想教育的外部环境建设。管理者一方面要千方百计地控制环境影响因素，选择利用典型的社会环境，对学生进行思想政治教育；另一方面要积极创造良好的校园环境，包括良好的校容、校貌、校风、学风等，给学生以潜移默化的感染、熏陶。思想教育与外部环境相比，教育对人的影响，特别对青少年的影响，起着主导作用。这就是客观环境与思想教育双向选择的规律。目前不少高校积极开展的校园文化建设，提出绿化、美化、净化校园环境，倡导学雷锋、树新风活动，就是自觉运用这一规律的生动表现。

（二）注重教育主客体的双边活动

这一规律，既是教学活动的规律，也是思想政治教育管理的规律。管理也是教育。这里的教育主体，主要是指思想政治教育的专职管理者。教育的客体是指思想政治教育的对象，是受教育的学生。在教育主体与教育客体这对矛盾中，教育主体是矛盾的主要方面，起着主导作用。

教育主体要充分发挥主导作用。首先，必须调查了解教育客体，科学地分析和掌握他们的思想脉搏和兴趣爱好等特点，实事求是地确定教育内容、方针、原则和方法，指导受教育者健康成长。其次，教育者要先受教育。这有两层意思：一方面教育者要善于向自己的教育对象学习，虚心听取他们的意见，不断提高自己；另一方面教育者要以身作则，率先垂范。当代高校学生思想上有一个显著特点，就是不轻信，不盲从，讲实惠，求功利。他们最厌恶言行相悖，最崇敬英雄伟人。一个好的管理者，应善于运用榜样的力量。此外，在对高校学生实施思想政治教育过程中，除要发挥教育主体的主导作用外，还要注意调动教育客体中自我教育的能动作用，最大限度地激发他们接受教育的内在主动性和积极性，进而培养学生自我控制、自我评价、自我修养和自我管理的能力。从这个意义上说，教育主体与教育客体的区分是相对的，这时的教育客体同时又是自我教育的主体。这就是教育主体与教育客体双边活动的规律，是思想政治教育管理的又一重要规律。现在许多高校大力提倡教书育人、管理育人、服务育人活动，吸收学生代表参与学校不同层次的管理工作，帮助学生成立自律委员会等，就是运用这一规律的成功尝试。

（三）加强思想政治教育与专业知识教学的互补

这一规律实质上是对立统一规律在学生教育管理工作中的反映，是社会主义高校发展的必然趋势。我国社会主义的现代化建设大业和国际共产主义运动的发展，向高校学生提出了既要学习政治，又要学习业务的明确要求，做到又红又专，德才兼备。只红不专，有德无才，或者是只专不红，有才无德，都不是社会主义建设的合格人才。因此，高等学校的管理者，必须善于把思想政治教育与专业知识教学有机地结合起来。要发动各科教师既要管教又要管导，把思想教育贯穿课堂教学和教材中去，真正做到教书育人，为人师表。要教育全体政工人员既要管红又要管专，把思想政治教育渗透到各项业余活动中去，做到"寓教于学""寓教于乐""寓教于美"。政工队伍与教师队伍这两支队伍，共同为培养又红又专、德才兼备的人才服务，努力克服政工人员管"红"、教学人员管"专"的政治与业务"两张皮"现象，就是思想政治教育与专业知识教学双方互补规律。这是高校思想政治教育管理中普遍起作用的规律。

总之，高校思想政治教育管理，只有自觉按照客观规律办事，才能称之为科学管理，才能收到预期的效果。

第七章 新时期学生教育与学校管理工作评估与创新探索

随着学校的扩招和社会的不断发展，学生的管理工作就显得十分重要。固有的模式虽然可以保持旧的成绩，但是必须进行不断的创新，才能够更好地发展，让学校教育真正为社会主义的发展贡献力量。本章重点探讨了学生教育与管理奖惩体系工作的建立、学生教育与管理工作评估方法、新时代学生教育管理工作的模式创新、互联网时代学生教育管理工作的发展创新等内容。

第一节 学生教育与管理奖惩体系工作的建立

一、实施奖惩的工作依据

目前，我国高校奖励工作多采取通过对学生素质的综合测评来进行。各校制订的综合测评的实施方案，实际上就是对学生德智体诸方面进行全面考核的一个指标体系。因此，各高校能否建立合理的考核体系，是衡量学生考核工作是否成功的重要标志，也是开展学生奖惩工作的基本前提。

学生综合测评内容基本上是按德智体三个大的方面进行考评。但是在具体实施过程中，智育和体育方面容易量化，而德育方面的考核工作是一个难度较大的问题，因为这里有一个"量化"的问题。大学生政治思想测评量化问题，目前全国各高校都处在一种探索和尝试过程中。人的思想政治品德，有其外在表现的一面，也有其内在心理素质和道德涵养的一面。这两个方面，特别是后一个方面，是比较难量化的，起码是不能简单量化的。近年来，围绕大学生思想品德测评问题，高等学校思想教育部门及行政管理部门的同志进行了许多探索和尝试。

（1）大学生德育的量化考核。综合目前全国高校的德育量化工作，一般的做法都是从学生思想品德的实际出发，把德育考核分解成两部分，即基本素质（一般量化定为 60 分，称为基础分）和参考附加分（量化分为正分和负分两种类型），即德育成绩等于基础分 60 分加上考核附加分（正分或负分）。德育考核附加项的内容各校不一致，但大体都包括以下几个方面的内容：

一是形势任务方面的内容，如参加时事政治学习和党团组织生活及校、系、班三级组织的集体活动的出勤情况。

二是学习态度方面的表现情况，如按时上下课，及时完成作业，遵守课堂纪律、考试纪律等方面的情况。

三是文明礼貌方面的内容，如尊敬师长，团结、关心、帮助他人的表现情况，以及个人卫生、宿舍卫生、爱护公物、维护公共秩序等方面的情况。

四是为同学及社会服务方面的内容，如担任学生干部和其他社会工作的情况。

五是大学生社会实践方面的内容，也有将近几年在大学生中开设的形势与政策、法律基础知识、人生哲学、大学生修养等课程的成绩纳入德育考核范围的。

（2）大学生的智育考核。智育考核的一般做法都是以学生全年各门课程考试成绩为依据并设附加奖励分，即智育成绩等于本学年各门课程总成绩除以本学年课程总门数后的得分再加上奖励分。智育考核的奖励分一般是指课堂以外的专业学习及科研情况，如发表论文、参加专业知识方面的学习竞赛或某种发明创造等。

（3）大学生的体育考核。大学生的体育考核主要是依据学生的体育课成绩、参加课外文体活动、早操出勤等方面的情况进行考核，有些院校将劳动课及义务劳动等方面的内容加入了该项考核。体育成绩考核也应确定基础分，即体育成绩等于基础分 60 分加上附加分（正分或负分）。

（4）大学生综合测评总成绩的确定。大学生德智体三方面总成绩的计算，即把德智体三方面分项考核的成绩乘以各自所占的百分比，然后相加，即是大学生的综合测评总成绩。德智体三方面各自应占多少比例，各校可以自行研究确定。大部分院校德智体三方面的所占比例一般为德育占 30%，智育占 50%，体育占 20%。

二、实施奖惩工作的内容

大学生奖惩工作与思想政治工作或其他工作相比，具有明显的刺激特点，其社会影响更为广泛。因此，大学生的奖惩工作就具有很强的政策性。在大学生奖惩工作中，应具体注意以下几点：

（1）惩罚要有依据。对大学生的行为管理，主要依据国家规定的培养目标和各级主管部门及学校制定的规章制度、行为准则和有关规定。近年来，国家教育行政主管部门颁布了《普通高等学校学生管理规定》和《高等学校学生行为准则（试行）》《高等学校校园秩序管理若干规定》等有关高校学生行为管理的办法及准则等。这些规定、准则是高校进行科学管理的最权威的依据。各高校应根据这些规定、准则结合本校实际情况制定若干细则和准则、条例，从而使学生教育管理工作有章可循，按章办事，以避免和克服管理工作中的随意性。

有了规章制度后，还要广为宣传。要像全国普法教育那样，在大学生中进行校纪校规教育。有条件的学校，还可将有关学生管理方面的条例、规章制度及办法汇编成"大学生手册"，让每个学生知道哪些事可以做，哪些事不可以做，从而使这些规章制度真正成为大学生的思想和行为准则。

（2）奖惩要有人执行。规章制度建立后，具体的贯彻实施则十分重要，规章再好，不能落实则是一纸空文。因此建立一支训练有素、相对稳定的学生教育管理工作队伍，才能真正适应学生教育管理工作的需要，才能真正使奖惩这个学生行政管理手段发挥出它的作用来。

许多高校的同志都不太愿意做学生教育管理工作，涉及政策方面的问题是学生管理干部与校内其他专业技术人员不享受同样的待遇，不能评聘相应的技术职务。因此各高校党政领导应重新评价和正确认识学生教育管理工作的地位和作用，增强学生教育管理干部的光荣感、责任感，从而选拔一批思想政治素质好、吃苦耐劳、具有一定的理论修养和实际工作经验，热爱学生工作的同志从事学生教育管理工作，并能定期从学生管理干部中选拔一批同志外出进修或去教育行政管理学院脱产学习，并注意改善学生管理干部的工作条件和生活条件，以解决他们的后顾之忧。

三、大学生处分的管理及报批程序

（一）大学生的处分管理

大学生的处分一般均由学校行政部门具体管理和实施。从大学生所受处分的行为特点来看，一般涉及学校以下三个部门：教务处、保卫处、学生处。

对于学生无故旷课、考试作弊等教学管理制度方面的违纪行为一般应由教务处协同系级组织调查处理；对于学生违反国家法律、法令、法规，偷窃、诈骗、打架斗殴，扰乱宿舍、课堂、食堂、考场、会场、图书馆、影剧院等公共场所秩序的违纪行为一般应由校保卫处协同系组织调查处理；学生其他方面的违纪行为则一般应由学生处协同系级组织调查处理，如伪造涂改证件等行为。学生处分不管由哪个主管部门处理，违纪学生处分的情况汇总工作一般都应由学生处全面负责。

（二）大学生处分的报批程序

发生学生违纪现象后，该生所在系应积极帮助班主任（年级辅导员）做好调查了解、讯问及取证等工作，后由该班班主任召集班委会研究讨论，提出处理意见，报系行政部门，系行政部门则应根据学校有关学生违纪处分规定，讨论提出具体处分意见，并按违纪的行为特点报学校有关部门复议。

警告、严重警告处分由系里提出处理意见，学校主管部门讨论决定。记过以上的处分，则先由系里提出处理意见，学校主管部门复核，提交校行政会议讨论决定；勒令退学、开除学籍的处分，应报省、自治区、直辖市主管高教部门备案。其中因政治问题而做出勒令退学、开除学籍处分的，须报经省、自治区、直辖市党委有关部门同意，由省、自治区、直辖市高教主管部门审批。学生的处分决定均应归入本人档案，不得撤销。

另外在学生处分的实施过程中要注意，在处分决定下达之前，应将处分决定书面或口头通知被处分的学生，被处分的学生应在处分决定意见书上签名，并注明"同意""保留意见""要求申诉"等字样。被处分的学生如不服，可以在接到通知后，向有关部门提出书面申诉。有关部门在接到申诉后，应进行复查，给予答复，如处分不当，应予以纠正。申诉是学生的一项民主权利，应当正确对待，不能认为申诉是无理取闹，更不能由于申诉而加重处分。

第二节　学生教育与管理工作评估方法

对学生教育与管理工作的评估，我们要做到如下几个结合：一是动态评估与静态评估相结合；二是定性评估与定量评估相结合；三是全面评估与重点评估相结合；四是过程评估和效果评估相结合；五是社会评估与学校评估相结合。在评估过程中，尽量采用现代教育常用的技术手段，从而克服感觉器官的局限，使评估的结果更真实、更精确。下面介绍几种常见的方法。

一、观察法

观察法是通过感觉器官获取感知学生教育与管理工作的方方面面。另外还可以使用各种现代仪器进行观察，观察时必须坚持观察的客观性。一般观察的方式方法通常是采取抽样观察法和追踪观察法。抽样观察法包括时间抽样观察法和事件抽样观察法。

二、访谈法

访谈法是通过调查者与调查对象面对面谈话来了解情况、收集资料的方法。访谈有两种形式：一是正式访谈，二是非正式访谈。访谈对象包括校级领导、学生教育与管理工作者、学生，等等，访谈是了解情况、收集材料的一种最亲切、最深入的方法。其操作步骤为：一是确定访谈提纲，根据德育评估指标体系，以指标体系中的项目和内容作为访谈提纲；二是把指标转换成谈话问题。①

三、问卷调查法

问卷调查法是学生教育与管理工作评估中使用频率最高的一种方法，是用书面形式收集资料的有效途径。问卷关键之处在于如何编制问题。问卷设计提问一般可分为两大类，即结构性提问与非结构性提问。问卷调查表一般由三个部分组成：被调查者项目；调查项目；调查表填写说明。问卷调查表设计应遵循可接受性原则、真实性原则、明确性原则、科学性原则。

四、表格法

在学生教育与管理工作评估中，有不少评估项目需要用表格法来测得，表格法是表达数字资料的一种重要方法，表格法的优点在于严密明显而富有表现力，是进行统计分析和实施学生教育与管理工作评估的有力工具。统计表一般有三种类型：单项表。即统计表仅包括一种事项的比较或仅有一种分类。双项表。统计表中包括两种事物的比较或有两种分类的叫双项表。复合表。统计表中包括两种事物以上的比较，叫作复合表。

---

① 倪林英：《高校学生工作评估体系研究》，载《佳木斯职业学院学报》2015 年第 6 期，第 251 页。

第三节 新时代学生教育管理工作的模式创新

随着我国高等教育进入大众化时期，高校面临的内外环境发生了很大变化。高校学生工作中出现了许多新情况、新问题，学生思想观念也发生了较大的变化，传统的学生工作体制与方法不能适应新的形势，学生工作需要积极寻求有效的对策以适应学生发展。高校学生工作如何采取有效对策解决存在的问题，是当前高校亟待解决的一个重要课题。

一、高校学生教育管理工作新体系构建的意义

（一）构建高校学生教育管理工作新体系的必要性

随着市场经济的建立、社会的发展以及高等教育改革的深入，高校的学生管理又面临着难得的机遇和挑战。

（1）构建高校学生教育管理工作新体系是经济社会快速发展的必然要求。随着市场经济的发展和高校扩招，高校学生管理正面临一系列的转变，如学生工作的部分管理职能正在向服务职能转变；高校学生就业正在由计划分配向自主择业转变；固定学制正在向弹性学制转变；经济困难学生的资助由原来的发放助学金、困难补助向助学贷款和勤工助学转变等。这一系列转变使原来传统的学生管理理念、管理模式问题日益凸显，难以满足市场经济条件下高校发展的要求。而目前与之相适应的新的学生管理理念和模式尚未完全形成，这就为高校的学生管理带来了新的考验。

（2）构建高校学生教育管理工作新体系是适应信息化时代发展的必然要求：在信息化迅速发展的今天，网络的发展和普及为高校学生管理提供了新的阵地和领域，提高了工作效率，为学生管理带来了难得的机遇。但同时网络也给学生管理带来新的问题。一是由于网络信息的快捷性、丰富性和开放性特点，使学生工作者在获取信息的渠道、时间、数量上与高校学生相比不占明显优势；二是网络的虚拟性、隐蔽性使得网络成为有害信息的滋生地和传播地，使得高校学生难以辨别和抵御，有的上当受骗，还有的沉溺于网上虚拟世界不能自拔。这就为高校的学生管理带来了新的挑战。

（3）构建高校学生教育管理工作新体系是高等教育改革和发展的必然要求。高等教育的全球化给学生管理提出了更高的要求。在这种情况下，高校学生管理必然要与世界先进高校学生管理接轨，用新的管理理念、管理体制、管理模式来适应时代发展的要求。如何

保持主流意识形态的影响，树立健康正确的文化心态，给高校学生教育管理工作提出了更高的要求。同时，教学体制改革使学生管理面临新的变革。目前，全国各高校普遍实施了学分制。在学分制下，学生管理打破了学年制整齐划一的教学管理模式，学生教育管理工作不仅局限于本专业学生，而且还要管理由选修课程形成的其他专业或其他学校的学生。同时，学生管理除了对学生进行教学和思想生活管理外，还需要帮助学生构建合理的学科知识结构，指导学生由定向学习变为自主选择性学习。因此，学生管理必须实现由学年制下的指令性管理向学分制下的指导性管理转变。

（4）构建高校学生教育管理工作新体系是适应当代高校学生个性特征的必然要求。当代高校学生多为独生子女，因而，对生活的体验和感受不同于以往的高校学生，他们时代感强，责任意识较弱；自我认同感强，实践能力较弱；参与意识强，辨别能力较弱；主体意识强，团队意识较弱；个性特点强，承受能力较弱。这些特点使学生管理面临前所未有的挑战：高校学生全新的行为方式和理念与传统的学生管理体制必将产生冲突，如不及时解决会使工作陷入被动。

（5）构建高校学生教育管理工作新体系是解决高校学生教育管理工作现存问题的需要。高校学生教育管理工作现存的主要问题有以下三方面：

①高校学生教育管理工作理念落后。高校学生管理的对象是学生，是具有个体独立意识的人。长期以来，高校学生管理者充当长者的角色，采用行政化的方式，说教训导，削弱了学生的主体地位，强调整齐划一管理，忽视学生个性的发展。强调制度之于学生的约束和规范作用，忽视了学生判断能力的培养，忽视了学生作为主体的人的存在。若把学生确实看作一个完整的生命体，以此审视目前的高校学生教育管理工作，不难发现一定意义上学生简单地被视为"容器"，被动地接受知识的灌输，被动地接受制度的规约。但是，高校学生的身心发展日渐成熟，渴望独立，渴望理解，如果将其单纯地看作无生命的"物"而忽视其自身的主动意识，会出现适得其反的效果。

②高校学生教育管理工作模式滞后。目前我们沿用的仍然是传统的管理模式，改动不大。但是在新的形势下，高校学生管理的环境、对象都发生了很大的变化，原有的管理模式呈现出力不从心的疲态。现行学生工作运行体制是以班级为单位的，与学年制相适应。学生基层组织成员相对稳定，学生教育管理体制层次清楚。但是在学分制教学模式下，学生自主选专业、选任课教师、选上课时间、选修业年限，淡化了班级和年级概念，班级成员在时间与空间上具有一定的差异性、流动性、不稳定性。班级的职能也将随之被削弱，班集体的凝聚力也大大减弱。现行学生教育管理基层组织对学生的约束力及影响力下降，已不能达到有效的教育管理的目的，从而使现行的学生工作运行体制难以高效运行。

③高校学生教育管理工作队伍薄弱。随着高等教育大众化步伐的加快，在校学生人数猛增，高校准备不足，导致教室、宿舍、实验室、食堂、图书馆、活动场地等大量硬件设施无法及时配套，师资队伍也没有得到及时的补充，师生比悬殊。大众化进程对高校学生教育管理工作最大的挑战是辅导员队伍匮乏。具体来说体现在以下两个方面：一是学生辅导员队伍数量严重不足；二是学生辅导员队伍质量参差不齐。

要解决高校学生教育管理工作现存问题，迫切需要构建高校学生教育管理工作新体系。

（二）构建高校学生教育管理工作新体系的重要性

（1）有利于促进高校学生管理科学化理论的发展。理论是行动的先导。构建高校学生教育管理工作新体系，有利于进一步把学生管理上升到科学化，探索和创新适合我国高校学生管理科学化实践的管理理论和内容，以促进高校学生管理科学化理论的发展。

（2）有利于高校学生管理走上制度化、规范化、现代化的轨道。构建高校学生教育管理工作新体系，有利于深化学生管理体制的改革，建立健全学生管理机构，明确管理职责，科学制定学生管理制度，加强各项管理活动规范建设，使学生管理的各个环节有章可循；有利于降低学生管理政策的指令性而增加其宏观调控性，突出管理理论的指导性，重视管理实践的差异性，避免管理行为的盲目性和随意性，使管理遵循规律，步入科学管理的轨道，推进学生管理的科学化实践进程。这样，就可以使学校学生管理走上制度化、规范化、现代化的轨道。

（3）有利于提高各层次管理者的素质。学生管理队伍的素质水平，是实现科学化、现代化管理的关键。在高校学生教育管理工作新体系构建的过程中，学生管理者需要加强科学化意识，主动依靠和利用现有的科学方法、现代化科学手段，提高学生管理的有效性。学生管理者必须学会应用科学的方法去分析问题、解决问题，不断地学习管理理论，认识和掌握学生管理的内在规律，掌握现代化管理手段，从经验主义的管理模式中解放出来。

（4）有利于促进学生管理水平的提高。高校学生管理的最终目的，是强化内部管理的运行机制，提高工作效率和效益，促进人才培养。在科学化体系的保证下，学校和学生双方均可以按照有序的活动方式进行，而且活动的双方可以充分有效地发挥其主观能动性，充分发挥学生管理的有效性，从而提高管理水平和效率。

二、高校学生教育管理工作新体系构建的思考

一个完整的高校学生教育管理工作新体系应该是由思想体系、内容体系、组织运行体

系、保障体系、考核评价体系五大子体系组成的多层次、多阶段、结构设计、多角度动态运转的体系。

（一）高校学生教育管理工作新体系的思想体系

1. 指导思想

在现代社会，以人为本、不断促进人的全面发展，已越来越成为经济社会改革发展的出发点和根本动力。同样，作为一种深层次的高等教育管理发展理念，以人为本就是在坚持马克思主义的根本哲学立场的前提下，相信人、尊重人、依靠人、发展人、让人积极愉快地进行工作或学习，取得更好的教学效果，实现人的更大发展。这也成为高校大学生管理的理论基础。在开展具体工作时，高校应以大学生为本，把满足高校学生健康成长、终身学习和全面发展的需要，把维护和保障学生的切身利益，作为学生工作的根本目的和出发点，以高校学生全面发展为目标，解放思想，实事求是，与时俱进，贴近实际，贴近生活，贴近学生，努力提高管理的针对性、时效性和灵活性，培养德、智、体、美全面发展的社会主义合格建设者和接班人。

2. 适应新形势，融入新理念

（1）追求卓越的理念。追求卓越是一种优秀的组织文化，它的精神核心是"追求效率，以事业为本"，它与"以人为本"的结合，更好地体现了管理文化内核向学生管理的良性渗透。具有追求卓越的精神，才能创造追求卓越的事业。

（2）民主与法制的理念。当前，在学生管理中，学生要求平等参与涉及自身利益的欲望越来越强烈，我们必须强化学生管理中的民主观念，彰显人文管理精神。这是因为现代高校学生是一个具有较高素养的特殊社会群体，他们对事物有其独特的认知和判断能力，较少盲从，一般难以接受命令式的管理，更反感管理者用行政命令的方式来推动管理目标的实现。因此，人文管理应当成为高校学生管理的价值目的。这种管理是要在管理中将学生放到应有的主体地位，使管理工作不仅要做到"为了学生，尊重学生，理解学生"，还要做到"依赖学生，满足学生，发展学生"，并努力营造平等、民主的人际氛围。这种管理是要在管理中遵从参与和一体的原则，让学生在管理活动中参与选择，参与创造，参与管理，参与决策，参与共建，以增强学生的一体感，从而使管理者和被管理者心往一处想，力向一处使，为实现共同目的而努力。

依法治校，体现在学生管理制度中，就是要加快推进学生管理的法制化进程，将学生管理全面纳入法制化管理的轨道，以充分尊重学生的人格和权利，客观、公正、全面地考核、评价学生，使学生管理顺畅、有序和谐。首先，高校在制定校纪校规时要注意体现和

实施。

（二）高校学生教育管理工作新体系的内容体系

高校学生管理的内容体系主要包括学生日常思想政治教育管理、日常行为管理和日常事务管理三大部分。

1. 高校学生日常思想政治管理

高校学生日常思想政治管理主要是指学校管理部门根据高校学生的成长成才的需要，通过一定的工作机制和程序，有计划、有步骤地开展各种学生党团组织活动，对高校学生的是非观念、人生态度和政治倾向进行引导的过程。如通过举办党团培训班，培养和选拔学生干部，吸收先进青年加入党团组织等。

2. 高校学生日常行为管理

高校学生日常行为管理是指通过制定相应的规章制度，对学生个体和群体的行为进行引导和调整，以保证教育实施过程能正常顺利实现的过程。通常表现为对学生严格遵守法纪校规、好人好事、见义勇为等积极行为进行肯定和鼓励，对打架斗殴、旷课、酗酒、赌博等不文明、不健康的消极行为进行否定和惩处。

3. 高校学生日常事务管理

高校学生日常事务管理是指学校承担的与学生有关的非学术性的或课堂外的工作，它是高校学生教育管理工作的重要组成部分。包括高校学生学习、生活和其他方面的管理。如奖助学金的评定与发放、荣誉称号的申请、入学（或离校）手续的办理、学生社区建设管理、财政援助管理和特殊学生的管理等多方面的内容。

高校学生日常事务管理是专门化程度较高的专项工作，它在很大程度上体现出一所大学的办学理念及办学水平。尤其是随着我国高等教育改革的不断深入，高校招生规模不断扩大，收费制度、就业制度逐渐社会化、市场化，学生的主体地位进一步凸显，主体意识、权利意识进一步增强，个性化需求日益增多，各种新问题不断增加，给高校学生日常事务管理提出了新的要求。

（1）高校学生日常事务处理的规范化。高校要认真贯彻国家相关高等教育法律法规，严格执行《普通高等学校学生管理规定》，按照"规范、科学、高效"的要求，努力提高学生事务的处理能力，处理各种学生事务及时、规范；进一步建立健全学生突发事件的处理机制，切实做好学生安全与思想稳定工作；重视学生管理的思想工作，建立学生信息沟通和反馈机制，及时掌握学生的思想动态，对学生群体性思想情绪有预判并及时引导、转变。

（2）高校学生日常事务管理机构的专门化。成立高校学生事务管理中心，建立和完善相关的工作机构和工作职能，把服务学生作为首要任务，树立管理也是为了更好地服务的思想。

（3）高校学生事务管理者的专业化、专家化。尽快建立起一支以职业型、专家型为主的学生事务管理工作队伍，确保高校学生事务管理工作走上正确轨道。要像关心和培养教学和科研队伍那样注重学生管理者实际业务水平和学历层次的提高，加强学生工作者教育学、心理学和精神病学等方面的系统化、专业化培训，加强职业道德建设，使广大学生事务管理工作者不仅能够热爱学生工作，而且能够把学生工作当作自己终生的事业来做，走向职业化、专家化的道路。

（三）高校学生教育管理工作新体系的组织运行体系

高校学生教育管理工作新体系的组织运行体系包含组织构建和运行机制两部分。

1. 组织构建

组织构建要突出机构建设和队伍建设两个重点。

（1）配备齐全、工作得力的学生工作机构是高校学生教育管理工作必需的组织基础。长期以来，各校甚至各院系的学生工作机构采取了不同的设置模式，大体可以分为党委学生工作委员会、学生工作部（学生处）、学生工作办公室等几种。无论哪种机构模式，都必须满足思想政治教育的需要，应达到一些基本的标准和条件。第一，必须具有明确的组织分工，成为院系实施人才培养计划和执行党政相关决议的专门机构；第二，为体现学生工作的重要地位，应安排独立行使职责的院系级领导（一般为党委副书记）担任机构的负责人；第三，应安排专门从事学生工作的职业工作人员和相对独立、固定、经常的工作场所；第四，能够整合院系的内设部门工作力量，与教务、行政等系统有效合作；第五，能够有效领导和协调各工作人员、基层学生组织顺利开展工作。

因此，在高等教育大众化阶段，高校学生规模快速增长，实施层级管理，健全和完善校、院（系）两级管理，以院（系）为主体的管理体制，成为众多高校的必然选择。首先，成立以主管校领导为首的高校学生教育管理工作领导小组，负责对学生教育管理工作的决策和统筹部署；其次，设立学生工作部（学生处）作为学生工作的职能部门，负责牵头落实领导小组的各种决议、决定，协调教务、行政等部门对学生进行共同管理和指导、督促二级院系学生教育管理工作；再次，设立学生工作办公室（各二级院系），负责协调本部门各年级、班级学生事务管理（通过辅导员），将学校的各种精神、政策和决议传达到学生中去。

可见，高校学生教育管理工作组织体系由管理者、教师（辅导员）、学生和各管理机构组成，包括党团组织、学生会、班委会、学生管理部门、学生申诉部门等。如图 7-1 所示。

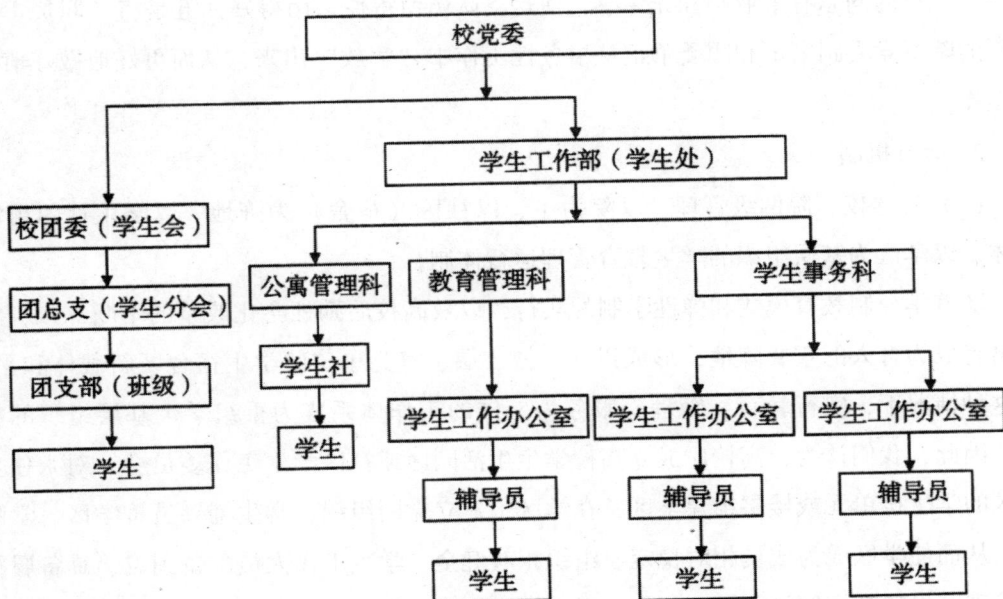

图 7-1

（2）以辅导员为重点的学生工作队伍的建设是高校学生教育管理工作必需的组织保障。高校学生教育管理工作需要配备足够数量的具有较高水平的班主任、辅导员以及具有较强责任感的学生导师。相比而言，当前问题最突出的是辅导员队伍建设。我们必须认识到，中国高校思想政治教育的特殊要求，绝大多数学生住在校园之内的状况以及基础教育阶段学生独立生活能力培养不足的现实，都决定了高校还必须在一定时期内坚持设置辅导员的做法。从全国范围看，历史的原因和各校的不同特点，辅导员队伍建设状况目前差别很大。就客观工作效果而言，辅导员队伍建设得怎么样，同该单位学生工作的效果直接相关。凡是辅导员作用发挥得好的学校，其学生工作的效果也就好。根据新时期的形势要求，中央 16 号文件和教育部的配套文件规定高等学校每 200 名学生应配备一名专职辅导员，这个规定是非常及时的。它不仅确定了安排辅导员的原则态度，而且提出了辅导员的设置标准，对高校学生教育管理工作具有重要的指导意义。

辅导员队伍建设中应逐步完善以下几方面的工作：一是进一步提高对辅导员工作的认识，要站在构建和完善育人体系的高度认识辅导员的地位和作用，把抓辅导员工作同抓专业教师工作一样对待；二是明确辅导员的工作职责，特别是必须明确辅导员与班主任、导师、学生工作机构的关系，这是理顺工作机制、确保各工作环节有效运转的需要；三是对辅导员进行专业培训，使辅导员的工作满足现实需要、符合管理规范并能够体现现代学生工作的理念及方法；四是科学建立辅导员队伍的考评机制，制定有利的发展政策，使从事辅导员工作的同志有事业心和光荣感，使这支队伍留得住、用得好；五是将专职负责学生工作的院系党委副书记和团委书记从事务性工作中"解放"出来，从而更好地做好辅导员的工作。

2. 运行机制

（1）建立校、院两级管理、以院为主、以社区（宿舍）为阵地、以学生社团组织为载体、以学区为基层组织的学生教育管理运行体制。

随着学分制教育模式和弹性学制的实行，以及高校后勤社会化改革的不断深入，学生公寓将成为育人的重要阵地，形成以区、楼、层、室为单位的学生宿舍区新载体和平台。在这种情况下，实行教育、管理、服务为一体的工作体系成为重组学生基层组织的突破口。因此，我们认为，高校应成立高校学生生活园区或社区学生工作委员会，对入住生活园区的学生按单元或楼层组建学区，在学区中建立党团组织，学生辅导员按学区、学院配备，从而使学区成为成员相对稳定、组织相对健全、学生工作人员配备到位、具备履行行政管理及思想教育职能的学生工作基层组织，使生活园区成为学生思想教育的载体、日常管理的切入点和社团活动的基地，以此提高高校学生生活园区的育人功能，从而构建校、院两级管理、以院为主、以社区为阵地、以学区为基层组织的学生教育管理工作运行机制。

学生处按照学校制订的思想教育计划，组织各社区实施学生思想教育工作，与分团委、团总支等配合开展校园文化、心理健康教育、学风建设、道德建设等活动，与有关部门或学院配合开展思想品德实践教育和心理咨询。建立社区或学区或某一模块的区域管理模式，有以下优点：

第一，权责明确，运作畅通，学生教育管理明显加强。实行模块（或者叫平台、区域）管理，建立了比较完整且相对独立的学生工作体系，比较彻底地解决了在学生教育管理过程中出现的"多层皮"或者"找不到抓手"的问题。在以往的学生管理体制下，学生工作隶属院系，但由于各院系担任繁重的教学科研工作，主要领导很难顾及学生工作。实行模块或社区管理方式后，学生工作系统目标明确、任务明确、责任明确，管理路径直接。学生工作干部相对集中配备，专心致志从事学生工作，从而有力地加强了学生的教育与管理，较大幅度地提高了学生工作的实效性。

第二，建章立制，强化管理，突出和完善服务，不断提高学生教育管理工作的层次和水平。学生模块或社区管理从制定规范的、合理的、操作性强的健全制度入手，按照规范化、系统化、科学化的要求，根据模块或社区管理的形式、特点，收集、整理、修订规章制度，向学生公布。由于模块或社区具有共同性的特点，因此，可以统一规范、统一要求。

（2）实行班主任制和导师制相结合的引导机制。当代高校学生从个体来讲，独立性和自主性的特点体现得越来越突出，在这种情况下，作为高校的学生教育管理工作，就必须有足够的管理人员，采取定额、定人管理教育和服务。这样做在对学生的了解程度上以及如何对一名学生开展工作和工作的实效性方面有重要作用。即在大学低年级仍实行班主任（或年级主任或辅导员）负责制，并配备一定数量、由学生党员干部担任的助理班主任；在大学高年级设立导师制，由导师负责学生选课、专业学习、科研能力、就业等方面的指导。每个导师负责带 5~10 名学生，也可由几名导师组成一个小组共同指导相应数量的学生。

（3）构建畅通的沟通回应机制。学生工作管理中一个重要的环节是对管理过程中落实的情况和结果信息的正确有效反馈。

高校学生管理中建立有效的沟通回应机制是依法治校条件下尊重和满足学生权利的需要，是现代大学决策科学化、民主化的重要保障手段。收听不同的声音，及时化解和处理实施中的冲突，实现双向互动，必须健全和完善沟通和回应机制。在具体的改进方法上，既要继续发扬传统形式中的标语、公告栏、校园广播的作用，同时还要做好学生信息全校学生分级化共享管理平台，探索校园移动通信的短信群发功能，校园设立学生公用信息查询系统，建立办公及申报审批的程序制，重大事件的公示制，事务管理中的承诺制和责任制，加强学生工作及全校部门信息的一体化建设，构建畅通的沟通回应机制。

（四）高校学生教育管理工作新体系的服务保障体系

服务保障体系突出心理辅导和突发事件预防两个重点。

（1）加强高校学生教育管理工作必须充分发挥心理辅导的作用，不断提高学生的心理素质，培养健康的个性心理品质、较强的心理调适能力和适应社会能力，从而帮助学生实现健康和谐的发展。建立并完善学校、学院、学生"三位一体"的三级工作体制。一是学校要成立高校学生心理健康教育中心，主要开展心理健康普查、建立心理健康档案，负责开设心理健康教育系列选修课、心理咨询门诊，开展团体心理训练等。二是在各个学院建立院级心理辅导站，主要解决学生发展过程中遇到的心理困扰问题，起承上启下、衔接沟通、强化教育效果的作用。三是在学生中成立高校学生心理卫生协会，加强对心理健康知识的宣传，提高学生心理健康知识水平和心理健康自助能力，充分发挥学生自我教育、自我宣传的作用。"三位一体"的工作体制有助于充分调动教师特别是学生工作干部参与学生心理健康教育工作的积极性，从不同层次、不同侧面去解决学生可能遇到的心理困惑和问题。同时，加大了工作力度，扩大了工作受益面，提高了工作效率，完善了心理危机的预警机制，增强了危机干预力度。

（2）建立预防突发事件的长效机制是学生教育管理应该重视的一项基本工作。处理安全稳定事件主要包括预防和处理两个方面，预防的目的是阻止事件发生，而处理是要使发生的事件能够被控制、解决，把影响、损失降到最低。预防比处理要积极、主动，学生工作中要更加强调预防。当前的工作重点应是推行安全、稳定工作的长效机制建设，即将其纳入规范化的管理渠道，实行预案管理，总结出带有多发性质的突发事件的类型和处理事件的一般原则以及相应的特殊需要，进行组织建设和制度建设，明确工作规范，建立起维护安全和稳定的长效机制。这是现代管理的要求，也是做好学生工作、保证学生健康成长和顺利成才的需要。

（五）高校学生教育管理工作新体系的考核评价体系

高校学生教育管理工作评价是指对管理工作的效果做全面检验和鉴定。它是学生教育管理工作体系的重要组成部分和基本工作环节，其作用在于能够让学校和有关职能部门全面了解和掌握各院（系）学生教育管理工作的状况和水平，总结学生教育管理工作的经验，探索学生教育管理工作的内在规律，加强对院（系）学生工作指导，使学生教育管理工作进一步向科学化、规范化、制度化发展，不断提高学生教育管理工作水平。科学合理的考核评价体系，应包括以下几方面的内容：

（1）考核评价的指标体系。依据高校学生工作的目标和构建高校学生工作评价体系的基本原则，学生教育管理工作评价指标体系一般可由日常事务管理工作、文明行为管理、学生宿舍管理和学籍及违纪管理四个一级指标组成。每个一级指标又可分为多个二级指标，每个二级指标又可设置多个观测点，使其涵盖学生教育管理工作的方方面面，以便具体考核评价。

（2）考核评价的结果体系。考核评价结果是对各项指标完成情况及效果的评定，可分为优、良、一般、较差和差五个等级，每个等级均有相对应的标准。

优：能圆满完成各项观测指标，各个观测点反馈的信息都能与预期计划相一致，特色工作明显。

良：能较好完成各项观测指标，各个观测点反馈的信息都能与预期计划大体上一致，特色不太明显。

一般：基本能完成一级观测指标，二级指标落实效果一般，各观测点反馈的信息都能与预期计划基本一致，无特色。

较差：一级指标、二级指标均只能完成小部分，各观测点反馈的信息都不能与预期计划相匹配。

差：各项指标均不能完成。

（3）考核评价的激励体系。激励既包括激发、鼓励以利益来诱导之意，也包括约束和归化之意。它包括正激励和负激励即激发和约束这两个方面的含义，奖励和惩罚是两种最基本的激励措施。因此，我们在对学生教育管理工作进行评价的基础上，应辅之以相应的激励，使各层学生管理机构、组织及相关人员的积极性得以充分调动和激发，促进管理目标又好又快实现。

激励的种类通常包括薪酬激励、事业激励、机会激励和文化激励几种。薪酬激励指通过金钱财富来满足人们的需要，从而达到激发内在动力的目的；事业激励是通过提供更多的个人发展空间和机会来激励人们；机会激励是通过工作行为本身使人们在一定程度上得到满足，产生一定的激励作用，例如从事自己感兴趣的工作，这一"行为"本身就具有较强的激励作用；文化激励指通过文化的熏陶和渗透会引发人们更高层次的心理满足，产生一定的激励作用。

三、高校学生教育管理工作新体系构建的实践

努力探索和实践学生教育管理工作新体系，要求高校管理工作者在学生管理中坚持以科学发展观为统领，充分认识加强高校学生教育管理工作的重要性、紧迫性，选准突破口，找准落脚点，高扬时代主旋律，把握形势新变化，努力拓展新阵地，积极探索新途径和新方法。下面我们以几年来许多高校、特别是作者的工作单位——重庆科技学院的学生教育管理工作为例，介绍一些近年来高校学生教育管理工作的新的具体做法。

（一）搭建学生自我管理平台，增强学生教育管理工作的渗透力

21 世纪是一个知识和信息高速发展的时代，只有具有开拓创新和独立自主素质的人才，才能在竞争中立于不败之地。要培养出具有开拓创新和独立自主素质的人才，就必须重视培养学生的主体性。要在学生教育管理工作中，通过开展学生自我管理活动，增强学生的主体意识和主体自我控制能力，培养和提高学生在教育活动中的能动性、自主性和创造性，使他们具有自我教育、自我管理和自我完善的能力，从而成为教育活动的主体和自

我发展的主体。

（1）构建以学生会、社团为主体的自我管理模式。以校学生会为龙头，学生干部为中坚力量，组建各院系学生会、各个部门多职能的自我管理模式。学生会是学生自我管理的最高组织，学生会干部是学生进行自我管理的主体。在学生管理体系的建设中我们可以增加一些部门，赋予一些部门新的工作内涵，扩大学生的覆盖面，使其深入学生日常的各项自我管理中。有目的、有计划地建设一批以理论学习型社团为龙头，以科技创新型、文化艺术型、社会公益型社团为主体的校级骨干社团，如邓小平理论和"三个代表"重要思想研究会、青年志愿者协会、学生科技协会、学生艺术团、学生心理健康协会、自强社等，并以这些校级社团为"旗舰"，通过建立学院分会、年级分会，形成门类齐全、种类多样的学生社团"航母"编队。让所有学生根据自己的兴趣爱好、个性目标、发展需要参加到社团中来，进行知识学习、研究创新、人际交流、自我激励。

（2）构建以学生社区为主体的自我管理模式。在学校高校学生社区自我管理委员会的基础上，形成寝室、楼层、公寓、社区、党支部、服务队多位一体的社区自我管理模式。每个学生寝室设寝室长，每层楼设层长，每幢楼设楼长，每个社区设区长，与公寓学生社区党支部设置相结合，组建直接面向公寓开展活动的学生社团组织——特色服务队。在公寓区逐步建立各类文化、咨询、服务机构，以开展卫生和文化为基础、咨询和辅导为重点，开展"和谐楼栋""和谐之家""百优寝室"创建活动，面向学生提供生活、心理、卫生、学习等各类服务，把思想政治工作与帮助学生排忧解难结合起来，开展以公寓为基地的自我管理活动。

（3）构建以党团组织为主体的自我管理模式。以班级、学生宿舍和网络为阵地，以党支部、团支部为学生基层组织，实行校、院系、级队三级管理的运行模式。通过塑造点（个体）、线（基层党、团支部）、面（整体）的形象并进行整合，贴近学生、贴近实际、贴近生活。开展党员形象工程，在师生中叫响"树一面旗帜、建一个阵地、办一些实事、献一片爱心、带一批同学"的口号。建立学生社区党支部、网络党支部，把为学生服务从课堂内拓展到学生生活的社区和网络中。依托党团组织，以党建带团建，充分发挥学生党员的模范带头和辐射作用，利用主题党日、团日活动的组织形式，开展学生正确的世界观、人生观、价值观教育。

（4）构建以网络虚拟社区为主体的自我管理模式。以学校 BBS、各院系网站、特色网站为平台，构建高校学生网络虚拟社区自我管理模式。把 BBS 和各种网站作为先进文化传播的重要网络教育载体，通过学生自行开发、自我管理以及自我教育，提高网络思想政治教育的针对性和有效性。建立心理咨询网站、理论学习网站、职业生涯规划网站等，成立网络文明协会，网络信息协会，制定《虚拟社区管理条例》，建立例会制度、培训制度、奖惩制度等，充分调动学生干部、协会成员和网管的积极性，发挥引领作用，培养高校学生创新和实践能力，增强高校学生的参与意识。提倡文明网络道德，弘扬主旋律，架起学生与学生、学生与教师、教师与教师、学校与社会的沟通桥梁，发挥主体作用，完善自我管理网络体系。

（二）搭建法治保障平台，构建和谐的育人环境

高校要转变观念，树立法治精神和维权意识，真正做到依法治校，注意尊重和保护学生权利。

（1）大力加强高校学生的法律意识教育，使它贯穿高校学生的整个学习阶段。这不仅是为了提高高校学生遵守校规校纪的自觉意识，方便学生工作者对高校学生在校期间的管理，其更深远的意义在于高校学生法律意识的增强，有利于他们在校期间对高校依法办学的监督，从而推动高校依法办学的进程，为高校学生打下牢固的法律基础，养成良好的学法、守法和执法习惯，为他们毕业后步入社会发挥引导和示范作用，推进整个社会法治化建设进程创造条件。高校学生教育管理工作者必须学法、懂法，重视强化自身的法治观念，增强法律意识。不论日常的教育、管理和服务，还是处理学生违纪问题，都依法行政，依法育人，提高处理法律问题的能力，真正把教育、管理学生与维护学生的正当权益结合起来，既严格教育、管理学生，又尊重和平等地对待学生，依法保护学生的合法权益。尊重和维护学生权利，对高校管理行为进行必要的限制。

（2）依法修订完善高校有关学生管理的规章制度。高等学校在修订完善学生管理规章制度时，应当以法律法规为基础和主要依据，同时也兼顾到高校学生作为国家公民应当享有宪法赋予的其他权利。在修订完善已有的规章和条例时，既继承和巩固过去行之有效的优良传统，保持有关学生管理规章制度具有相对连续性、稳定性和一致性，也要为今后的发展创造良好的法律环境，充分保护高校、学生的合法权益，真正体现法律的权威性。此外，国家的有关法律法规大多数是原则性条款，需要校方在执行中细化，而细化的原则既要考虑高校管理学生的需要，又要不违反国家法律赋予公民的权利。因此，学校在细化的过程中不能超越法律法规的授权范围而"随心所欲"，随意剥夺学生依法享有的权利或人为增加学生应履行的义务。同时各项规章制度的出台应遵循一定的民主程序，广泛吸纳各方面的代表参与讨论，通过一定阶段的试运行再行完善修改，进而正式施行并告知全体学生（如公告、写入学生手册等）。

（3）规范学生违纪处理程序。对违纪学生的处理不仅要实体上合法，而且要程序合

法，使惩戒权的行使遵循符合法治精神的规范步骤和方式，避免工作运行中的无序性、随意性和偶然性。①处分前程序：应加大宣传力度，使学生熟知有关规章制度，真正使遵纪守法的观念深入人心。②处分中程序：学校在对违纪学生做出处分决定之前，应通过口头或书面的形式告知学生对其的"指控"事实，听取学生的陈述、申辩和质疑。申辩的内容是提出自己无违纪行为或行为未达到违规的程度，或应当减轻处分的理由；质疑是指对相关规范引用的合法合理性和证据的真实性提出疑问。无论申辩或质疑，都应保留书面记录。处分决定以学校名义出具文本，内容包括违纪事实、处分依据和处分决定，并送达被处分学生，同时告知被处分学生申诉的权利和时效，并请被处分学生签收以作为送达的证据。如果没有实际送达并告知处理决定，则处分视为无效。③处分后救济：学校成立由学校负责人、教师代表和学生代表组成的学生申诉处理委员会，专门受理学生对处理处分决定不服而提出的申诉，并制定学生申诉处理办法。学生申诉处理委员会要认真对待学生提出的申诉，在规定期限内做出复议，并将结果告知被处分学生；如果要改变原处理决定，须提请学校重新研究；受处分学生如果对复议结果不服，可以向学校的上级主管行政机关提起申诉。

（三）搭建困难资助平台，让阳光铺满成长路

"奖、贷、勤、补、减、免"是高校学生经费管理中的重要内容。随着近年贷款比例的增加，相当数量的家庭经济困难学生通过贷款解决了个人的学费和生活费问题，学校增设的勤工俭学岗位又帮助他们解决了生活费用的不足。近年随着国家对教育投资的增加，学生奖学金提高比例增速很快。以 2007 年为例，国家对高校投入了 180 多亿元的国家奖学金和助学金，加上部分学校有企业设立的社会奖学金和校内的奖学金，在校 40%的学生可以通过自己的努力得到奖励，形成了对学生较大的资助和补充力量。大量学习优秀的学生得到了激励，贫困家庭学生得到了国家的资助，确保了不让每个同学因为家庭贫困而输在起跑线上。学生的参与意识、竞争意识、自强意识和求学意识都得到了加强。但是如何将有关经费科学、合理地奖励和资助到学生身上，最大限度地发挥其激励作用，体现了一个大学的管理思想和水平。

（1）完善贫困生助学体制。从实际需要出发，采取有效措施，不断完善资助体系，从物质上解决贫困生的基本生活问题。这也是解决贫困生心理问题的基础和前提。高校要不断完善"奖、贷、助、补、减、免、缓"等助困制度和措施，在竞争机制的框架下进一步扩大对贫困生的奖学金覆盖面，加大奖学金力度；探索设立专门用于奖励优秀贫困生的奖学金，使其通过勤奋学习获取除国家、市政府资助外较高额度的奖学金。积极争取社会多

方面的支持，建立各种"爱心基金"，设立多种专项奖助学基金和建立定向委培制度。在充分发挥政府和学校主渠道作用的同时，动员社会团体和个人捐款资助贫困生，开展对贫困生的"一帮一"活动。积极推行学分制、学历浮动制，减轻贫困生的学业负担。允许一部分优秀学生提前毕业。动员社会各界力量，提供更多的勤工俭学岗位。

（2）加强思想政治教育，帮助贫困生树立正确的世界观、人生观、价值观。从培养社会主义的建设者和接班人的高度，重视贫困高校学生的思想政治教育。充分发挥基层党、团组织和学生社团、辅导员、班主任、任课老师、学生干部等的作用，结合当前贫困生的思想实际，认真分析其价值取向、思维方式和心理性格特征，以及由此带来的种种不同行为表现，通过专题讲座、个别谈话、座谈讨论、典型案例教育、演讲辩论赛、主题活动、班级社团活动、家访等切实有效的措施，帮助、引导贫困生树立正确的世界观、人生观、价值观。以理想信念教育为核心，加强爱国主义、集体主义、社会主义教育，教育他们虽身处逆境，但要树立远大理想和人生目标，引导他们以积极进取、乐观向上的态度去对待人生，勇敢地面对挑战。加强艰苦奋斗的优良传统教育，引导他们正确消费，倡导勤俭节约的良好风气，自觉抵制拜金主义的影响。加强赏识教育，通过树立和宣传逆境成才的典型来激励贫困生，帮助其树立信心。加强责任意识教育，激发他们的热情和勇气，学好本领，坚定报效祖国的信心和决心。加强自立自强教育，转变贫困生思想观念，克服依赖心理和不劳而获的思想，鼓励贫困生积极走向社会、积极参加勤工助学活动，参与实践，自主创业，运用自己的知识和能力，走自食其力的道路。加强战胜挫折教育，引导他们与挫折抗争，培养耐挫折能力。帮助贫困生学会自我接纳，接纳现实，接纳自己，以平常的心态面对贫困，采取积极的办法解决生活中的困难。

（四）搭建文化育人平台，建设和谐高雅的校园文化

高等学校校园文化是社会主义文化的重要体现。加强校园文化建设对于推进高等教育改革发展，加强和改进学生思想政治教育，全面提高高校学生综合素质，具有十分重要的意义。在文化多元化的社会背景下，我们既要承认和尊重文化多元化的存在，又要在不断融合的文化中寻找契合点，建设和谐高雅的校园文化，进一步优化学生教育管理工作的氛围。

（1）打造文化精品，创建校园名牌。一是深入开展校风建设。在充分挖掘学校历史传统宝贵资源的基础上，结合学校发展战略和规划，根据学校办学思想和理念，大力营造崇尚科学、严谨求实、善于创造、具有时代特征和学校特色的良好校园风气。扎实开展师德教育，制定完善师德规范，严格师德管理，加强教师思想品德和学术道德教育，宣传师德

建设先进典型，积极建设志存高远、爱国敬业，为人师表、教书育人，严谨笃学、与时俱进的优良教风。制定完善高校学生行为规范，严格管理特别是严格考试纪律管理，营造良好的学习氛围，努力形成勤于学习、奋发向上、诚实守信、敢于创新的良好学风。通过校风建设，在校园树立热爱祖国、决心为建设中国特色社会主义贡献自己全部力量的共同理想和坚定信念，培育自强不息、不怕任何艰难险阻、勇往直前的共同意志和奋斗精神，形成与时俱进、昂扬向上、勇于创新的共同追求和开拓意识。二是大力加强人文素质和科学精神教育。继续实施"高校学生全面素质教育工程"，把人文素质和科学精神教育融入高等学校人才培养的全过程，落实到教育教学的各环节。

（2）鲜明主题活动，鼓励科技创新。一是精心设计和组织开展内容丰富、形式新颖、吸引力强的思想政治、学术科技、文娱体育等校园文化活动，把德育、智育、体育、美育渗透到校园文化活动之中，使高校学生在活动参与中受到潜移默化的影响，思想感情得到熏陶，精神生活得到充实，道德境界得到升华。充分利用五四青年节、"七一"建党纪念日、十一国庆节、"一二·九"运动纪念日等重大节庆日和纪念日，开展主题教育活动，唱响爱国主义、集体主义、社会主义主旋律，让高校学生在建设营造高品位的文化氛围中主动思考、理解、感悟，升华人格，完善自我。二是重视学生创新精神和创业能力的培养。全面实施"高校学生素质拓展计划"，办好高校学生科技文化节、高校学生"挑战杯"、高校学生艺术节、高校学生运动会，深入开展高校学生社会实践活动，设立高校学生科技创新奖励基金，选择有发展潜力和应用前景的项目进行立项，在资金支持、项目指导、成果评选等方面予以重点扶持。

（3）加强基本设施，提供坚实保障。一是重视校园人文环境建设。确定校训、校歌、校徽、校标，提倡高校学生牢记校训、学唱校歌、佩戴校徽、使用校标，激励高校学生热爱学校、刻苦学习。发挥优秀校友在校园文化建设中的独特作用，采取请进来、走出去的方式，用优秀校友的人生经历和感悟、创业历程和成就，激励高校学生立志成才，报效祖国。精心设计、认真组织好开学典礼、毕业典礼、奖学金颁发仪式等具有特殊教育意义的活动，倡导学校领导为每一位毕业生或毕业生代表颁发毕业证书和学位证书，激励高校学生勤奋向上、求实创新。二是重视校内文化设施建设。按照有关规定，建设、设计好教学场所、图书馆，完善教学设施，优化学习环境，不断满足高校学生学习成才的需要。规划、建设好高校学生文艺、体育、科技活动场所，完善校园文化活动设施，为开展校园文化活动提供必要的场地和条件。加强校报、校刊、校内广播电视、校园网、学校出版社、宣传橱窗等的建设，发挥宣传舆论阵地在校园文化建设中的更大作用。三是重视校园治安综合治理工作。进一步建立健全责任制，加强高等学校内部安全管理和安全保卫工作，及时处理侵害高校学生合法权益、身心健康的事件和影响学校、社会稳定的事端。积极配合公安、司法、文化、工商等部门对学校周边的文化、娱乐、商业经营活动开展专项整治工作，维护学校正常的教学、工作、生活秩序。

（五）建设专业化、职业化、专家化的学生教育管理工作队伍

（1）进一步完善辅导员队伍选聘机制。紧紧抓住"高进、严管、精育、优出"四个关键环节，严格选聘标准和选聘程序。严把质量关，把德才兼备、乐于奉献、勤于创造、热爱学生思想政治教育事业的优秀人才选聘到辅导员队伍中来，从源头上保证辅导员队伍的质量。辅导员的配备应坚持专职为主、专兼结合的原则。要严格按照生师比不低于200∶1的比例设置本专科生专职辅导员岗位，保证每个院（系）的每个年级都有一定数量的专职辅导员。

（2）不断加强辅导员队伍的培养机制。着力提高辅导员的职业能力。推行"先培训、后上岗"的准入制，坚持岗前培训、日常培训和骨干培训相结合。辅导员的培训工作坚持日常培训和专题培训相结合，中长期学习与短期培训相结合，学历教育与在职培训相结合，逐步建立分层次、分类别、多渠道、多形式、重实效的培训格局。

（3）明确职责，强化考核，进一步健全辅导员队伍管理制度。按照教育部《普通高等学校辅导员队伍建设规定》，进一步明确辅导员工作职责、工作目标和具体工作要求，使辅导员工作有遵循，干事有方向。建立健全管理评价机制，并将考评结果与职务聘任、津贴发放、各类评比挂钩，对工作不称职的要及时调离工作岗位。通过规范化、科学化、制度化的考评，实现对辅导员队伍的严格要求，严格管理，建立能进能出、竞争择优、充满活力的用人机制。

第四节　互联网时代学生教育管理工作的发展创新

学生教育、管理和服务是高校学生工作的基本内涵，管理工作的好坏直接影响学生教育与服务的质量。互联网技术在极大提升学生教育管理工作效率的同时，也激发管理工作的转型与创新。高校管理者要寻找互联网与学生教育管理工作的契合点，转变思维模式，从管理理念、管理机制和管理方式等方面创新工作思路。

一、创新学生教育管理工作的理念

理念是行动的指南针，要想创新学生教育管理工作思路，理念创新是前提。在互联网时代，学生教育管理工作要树立以下几种理念：

首先，要树立法治与德育相结合的理念。界定高校与学生的法律关系，明确学生作为网络主体享有的自主选择权，正视学生诉求，维护学生法定权益。坚持以"立德树人"为导向，结合大学生身心发展规律，将互联网与传统思想政治工作相结合，用时尚且易接受的方式传播主流价值观。

其次，树立"以人为本"的工作理念。学校的一切发展都是为了师生需求，同样也离不开师生，学生教育管理工作要以满足学生的实际需求为出发点和落脚点，平等站位沟通，建立师生间的信任关系。管理人员要了解学生所思所想，切实为学生解决各类问题，把学生对管理工作的满意度作为衡量学生教育管理工作质量的重要标尺。

最后，树立全员参与服务的管理理念。学生作为高校工作的核心，学生意识逐渐被唤醒，说教式与灌输式的管理方式已不再适合新时代的要求。学生教育管理工作的重任不仅落在专任学生管理人员的身上，专任教师、用人单位、社会团体以及家庭成员等都有教育管理学生的职责。要加强全员互联网学习培训，熟悉互联网客户端，掌控学生动态，打造专业团队，做好学生管理与服务工作，并引导学生自我管理，提升管理质量与效率。

二、健全学生教育管理工作的制度

制度是实现目标的保证，没有合理的制度，就难以保障目标的完成。高校的学生教育管理工作要加强制度创新，以制度规范管理，以制度保证质量。高校管理工作须制定以下两点制度：

第一，构建舆情引导分析机制。互联网时代，网络舆情一定程度体现了校园民意。大学生日趋成熟但易偏激，而网络行为更具隐蔽性和聚合性。一方面，要建立网络信息的收集与反馈机制，全方位吸引学生参与热点话题，加强对网络舆情的监测与引导，将事态发展控制在萌芽状态；另一方面，建立舆情危机的预警与应急处置机制，做好大学生网络用户的备案和登记工作，保证网络信息能够有效追查溯源。①

第二，梳理健全网络信息安全管理制度。首先，高校应建立健全网络用户注册、信息

---

① 谭玲玲：《互联网趋势对高校学生管理工作产生的影响及对策》，载《黑龙江科学》2020 年第 11 卷 19 期，第 130−131 页。

审核和安全防护等管理制度；其次，要明确网络信息主体责任，网络信息发布者及管理者要承担相应责任，设置相应权限，确保网络信息安全管理有章可循；再次，完善网络安全人才培养引进制度。高校要积极与网络安全培训机构和网络企业进行对接，鼓励和吸引企业从事网络安全的技术人才来高校从事网络安全管理工作，或者通过外包合作的手段，将过去由学校承担的网络安全管理工作交给社会专业化机构来执行，从而提升管理效率与专业化水平。

三、革新学生教育管理工作的模式

平台化是互联网时代高校学生管理模式的发展趋势，要依托互联网技术的支持，将大数据思想和网络管理模块的深度开发融合到学生的日常管理工作当中，消除信息壁垒，优化管理工作效率。

一是构建统一的学生管理平台。高校要做好顶层设计，从学校人才培养和管理的全局出发，统一规划，实现校园数据共享。该平台可以采集学生从报到、入学到毕业各个阶段的数据信息，内容涵盖学生上课及住宿考勤、课堂表现、评奖评优、勤工助学、受助学生日常消费监测、实习就业信息发布以及与家长互动等相关模块，且所有数据可以在教务处、学生处、招生就业办以及后勤等部门移动共享，依托大数据优势为学生做好服务和管理工作，规范工作流程，提升工作透明度。

二是扩展交流工具模块功能。新时代背景下，选择成熟的技术软件进行学生管理，可减少重复工作，有效提升管理效率。可以在日常交流软件中增加签到、无纸化事项审批、信息已读反馈和及时推动待办信息等功能模块，并且数据都可以从后台导入学生管理平台，实现精准化的学生管理。

综上所述，创新高校学生管理已经成为互联网时代发展的必然要求，不同的发展时期高校的学生教育管理工作会存在不同的问题，这是一项需要长期探索创新的系统性工程。针对问题创新举措，从理念和制度等方面做好顶层设计，全面提高学生教育管理工作的效率和效果，就可以更好地服务当代大学生。

结束语

　　新时期学生教育与管理工作是学校领导和管理人员为了实现学校学生的培养目标，按照国家的教育方针和各项政策法令，科学地有计划地对学校内部的人、财、物、时间、信息等进行组织、指挥、协调，并对其进行预测、计划、实施、反馈、监督等的一门管理科学。新时期学生教育与管理作为学校管理的重要组成部分，具有十分广泛而深刻的内涵。本书从七个方面对新时代学生教育与管理工作进行了概括和梳理。

　　第一章为学生教育管理工作概述，主要论述了学生教育管理工作的内涵、高校教育管理工作的发展历程、学生教育管理工作多元化特征、教育管理工作的重要性。

　　第二章为新时期学生创新教育体系构建，主要从学生创新教育的解读、创新教育人才培养模式的嬗变、学生创新教育政策的实施、学生创新教育体系的构建与实践四个方面深入解读了新时期学生创新教育体系构建的相关知识。

　　第三章为新时期学生学业的情绪管理，从学生学业情绪的理论基础和学业情绪研究的理论支撑出发，介绍了学生学业情绪管理的重要性及管理策略。

　　第四章为新时期学生教育的多元化培养，主要探究了以下几种培养策略：充实学生的文化知识，提升学生的创新能力，端正学生的价值观，促进学生的心理健康，增进学生的体育体能。

　　第五章为学校管理工作的规划与发展，主要介绍了学校管理工作的理论基础与环境因素，学校管理工作的领导体系建设，学校组织运营管理的策略创新，学校管理工作的理念与文化营建，学校管理工作的优化创新。

　　第六章为基于思政教育的学生教育管理工作发展创新，重点讨论了基于思政教育的学生管理特征与机制，思政教育融入学生管理的意义，思政教育融入学生管理的有效方法和规律等内容。

　　第七章为新时期学生教育与学校管理工作评估与创新探索，重点探讨了学生教育与管理奖惩体系工作的建立，学生教育与管理工作评估方法，新时代学生教育管理工作的模式创新，互联网时代学生教育管理工作的发展创新等内容。

希望本书的出版能为我国一线教育工作者和学校管理工作者的日常工作和学术研究提供一些参考。

学生教育与管理工作的研究是一个全新的课题，许多问题还值得深入探讨，共同研究。本书所涵盖的内容仅是学生工作的冰山一角，尽管如此，希望它能为后来者提供新视野、新方法、新天地。

在繁重的工作之余，坚持研究、撰写书稿确实是一件不易之事，多少个节假日伏案而思、而写，今天拙作得以与读者见面，心中不免感到一丝安慰。在此，我要感谢我的家人以及给予我支持的同人们，谢谢他们的关心和鼓励。

参考文献

[1] 台启权. 学生工作典型案例精选［M］. 安徽师范大学出版社，2018.

[2] 杨大鹏，马亚格，罗茗. 高校学生工作管理创新研究［M］. 北京：北京理工大学出版社，2019.

[3] 彭远菊. 学生工作那些事［M］. 昆明：云南大学出版社，2016.

[4] 陆岸，董召勤，钱春芸. 高校学生工作法治化研究［M］. 苏州：苏州大学出版社，2017.

[5] 寇福生. 新时代高校学生工作理论与实践探索［M］. 沈阳：东北大学出版社，2019.

[6] 孟庆新. 高校学生工作思考与实践［M］. 沈阳：东北大学出版社，2015.

[7] 李天友，杨胜君，庞国伟. 高校学生工作研究与实践［M］. 成都：四川大学出版社，2015.

[8] 文君，陶好飞. 新时代高校学生工作的质量提升与机制创新［M］. 北京：对外经济贸易大学出版社，2018.

[9] 谭秋浩. "微时代"高校学生工作的行与思［M］. 北京：光明日报出版社，2016.

[10] 段佳丽，曾葵芬. 新时期高校学生工作科学发展的理念与实践［M］. 北京：光明日报出版社，2017.

[11] 应中正，于春华. 多学科视野下的高校学生工作［M］. 天津：天津人民出版社，2015.

[12] 侯玉新. 新常态下的高校学生工作思考［M］. 成都：电子科技大学出版社，2015.

[13] 秦朝明. 学生工作管理信息系统在高校学生管理中的应用［J］. 学理论，2019（08）：136-137.

[14] 张晓安. 高校学生党建与学生工作管理的互动途径研究［J］. 戏剧之家，2019（21）：169.

[15] 杨振方. 创新学生工作管理的策略［J］. 佳木斯职业学院学报，2019（05）：85-86.

[16] 于春，吴智丹，赵士海. 高校学生工作管理信息系统构建体系的探索与研究［J］. 科教文汇（下旬刊），2019（04）：8-9.

[17] 曹玮麟. 高校学生工作管理系统的设计与实现［D］. 西南科技大学，2018.

[18] 周麟之. 基于 SSH 的学生工作管理系统的设计与实现［D］. 湖南大学，2018.

[19] 战婷. 高校辅导员对学生管理模式的思考［J］. 现代经济信息，2017（12）：408-409.

[20] 孙一粟. 中美高校学生工作管理内容比较［J］. 山西青年，2017（12）：199.

[21] 张彦忠. 高校学生工作精细化管理体系框架构建与实践［J］. 教育教学论坛，2017（21）：6-8.

[22] 门浩. 高校学生思想政治工作管理体制研究［J］. 新校园（上旬），2017（05）：154.

[23] 罗鑫. 高校学生工作精细化管理路径分析［J］. 现代经济信息，2017（08）：87.

[24] 台雯. 学生工作管理系统的设计［J］. 信息与电脑（理论版），2017（08）：95-96.

[25] 王蕊. 浅谈大学生管理工作有效途径［J］. 读与写（教育教学刊），2017，14（03）：31.

[26] 张建荣，张潇. 高校学生工作信息管理系统设计分析［J］. 赤峰学院学报（自然科学版），2017，33（04）：175-176.

[27] 史明娜. 学生工作"柔性管理"模式探讨［J］. 教学与管理，2016（36）：65-67.

[28] 郭琨. 激励理论在校辅导员工作中的运用研究［D］. 上海师范大学，2016.

[29] 李欢. 高校学生工作管理信息系统的设计与实现［D］. 浙江工业大学，2014.

[30] 林志军. 高校学生工作管理系统设计与实现［D］. 华南理工大学，2014.

[31] 罗鑫. 独立学院学生工作管理的长效机制研究［D］. 云南师范大学，2014.

[32] 张明. 高校学生工作管理问题及应对对策［J］. 科教导刊（下旬刊），2020（07）：173-174.

[33] 夏海林，邵南岗，王飞，等. 浅议新时期地方高校学生工作管理存在的问题及对策［J］. 教育教学论坛，2020（19）：12-15.

[34] 马丽. 高职院校学生工作精细化管理模式探析［J］. 现代交际，2020（05）：189-190.

[35] 荀雪莲，蔡明戈，姚志强. 基于图书借阅信息的学生工作管理系统［J］. 北华航天工业学院学报，2020，30（01）：18-20.

[36] 武彦平. 新时期高校辅导员学生管理模式探析［J］. 湖北农机化，2020（03）：102.

［37］黄炎，谢雨．新时代背景下高校辅导员学生工作管理方法研究［J］．现代职业教育，2020（02）：40-41．

［38］孙矇．校园治理视域下辅导员在大学生工作管理中如何应用心理学［J］．区域治理，2020（01）：200-202．

［39］王兆明．浅议班主任工作管理的有效途径［J］．新课程（上），2019（10）：251．

［40］周准准．论新时期高校学生工作管理创新［J］．知识文库，2019（17）：215+219．

［41］杨莉．浅谈新媒体在高校学生工作管理方面的运用及技巧［J］．作家天地，2020（19）：70-71．

［42］金凯．基于思想政治教育的数字化学生工作管理平台建设［J］．青年与社会，2019（19）：194-195．

［43］谢燕祥．新形势下高校学生工作管理创新的思考［J］．山西青年，2019（10）：231．